是本信義—著
劉錦秀　—譯

図解 マキァヴェリの「君主論」が面白いほどわかる
統治・指導能力を身につけるために

圖解 君王論

經營管理必讀的經典書籍，成功領導者引用的至理名言！

馬基維利的《君王論》其實有趣易讀！是一本完全適用於現代經營管理的古籍經典

領導人欲集統御、領導能力於一身，必須——

- 勇猛如獅，狡猾如狐
- 具備並善用「好運」、「能力」
- 運用大逆不道
- 能承受惡評

——只要能成就大業，就會受到尊敬

作家、世紀奧美公關創辦人、創業導師 **丁菱娟**　國立清華大學哲學所教

序言

提到馬基維利的《君王論》，很多人都對它敬而遠之，認為它是一本倡導性惡、強權霸術的書。

但是，詳讀之後卻發現書中對於性惡、權謀霸術等根本未有著墨。

這本《君王論》是以十五世紀到十六世紀、極為混亂的義大利為舞台背景所寫的。因此，登場的人物不外乎就是世俗的教宗、爭鬥不休的都市國家、企圖介入的神聖羅馬皇帝及外國的君王們。

在這種局勢下，以佛羅倫斯共和國外交人員身份，周旋於各國進行外交談判的馬基維利，為了實現讓分崩離析的義大利早日統一的理想，於是藉《君王論》這本書，暢談君王們該有的面貌。也就是詳述君王該如何統治國家、該具有哪些資質等等。

在一個殘酷而現實的世界裡，「場面話」是不管用的。唯一能行得通的就是以赤裸裸的「真心」換取他人「真心」的討價還價，懂的臨機應變運用戰術。身為一國的國君，到底應該怎麼做，就是本書主筆的內容。

今天的企業仍擺脫不了泡沫經濟的陰影，企業破產、組織重整時有所聞。這種情形和《君王論》中的義大利簡直如出一轍。

《君王論》並不是一本深奧難解的著作。只是該書在旁徵博引時，常引用義大利的人物做為例子。由於我們對這些人物並不熟悉，所以可能有看不懂的時候。本書把《君王論》中各章的關鍵字都列在標題上，並針對各標題附上簡潔的說明，再以古今中外的案例引證，供讀者研讀。

為了讓讀者容易上手，有些句子我採意譯。至於全書內容、品質的精細度等等，我想都還有研究整理的空間。只要本書能夠提供一絲絲啟發的線索，讓有心的讀者能為受難企業殺出一條血路，我就感到無比的欣慰了。

撰寫本書時，我曾參考許多的文獻。這些文獻給了我莫大的啟示及幫助。我要在此，向各文獻的作者、譯者，致上十二萬分的謝意。

平成十三年一月吉日

目錄 CONTENTS

第4章 自我防衛的基本條件——擁有足以維持政權的軍備 095

開創命運必須果敢

命運的女神偏好粗暴的男性

光環耀眼的凱撒和龐培的固執己見

不遵守國法的凱撒

第 1 章

《君王論》何以問世？

1《君王論》因政治混亂而誕生

以權謀霸術聞名世界的《君王論》作者尼古洛．馬基維利（Niccolo Bernardo Machiavelli，1469～1527），一四六九年出生於義大利最具代表性的國家佛羅倫斯共和國（Florence），他的家族原是托斯卡納（Toscana）當地的貴族。

長大後在佛羅倫斯政府擔任書記官的馬基維利，隸屬於負責外交和國防的第二書記局。

當時的義大利，在文化上雖然處在文藝復興的黃金時期，但是政治上卻正進入激烈的混亂與變動之中。

◈拯救分裂的義大利成為統一的強大國家

當時的義大利半島是由許多城市國家組成的，從高高在上的羅馬教宗到世俗化的

《君王論》誕生的過程

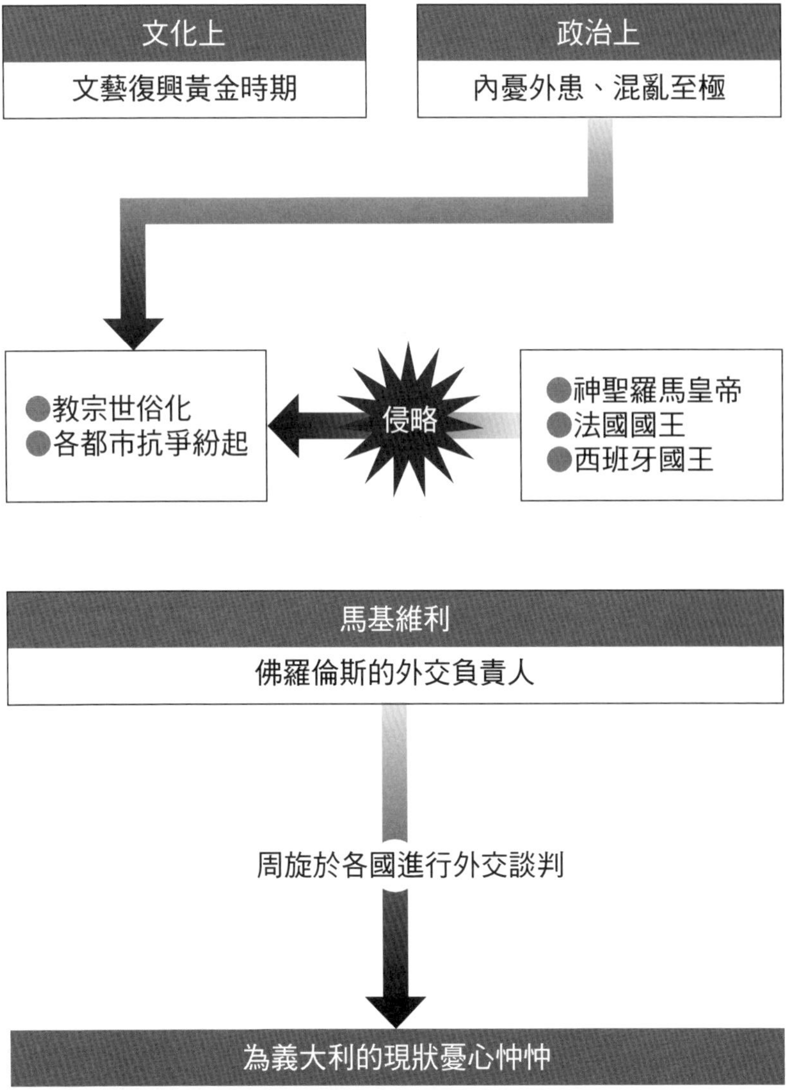
文化上
文藝復興黃金時期
政治上
內憂外患、混亂至極
●教宗世俗化
●各都市抗爭紛起
侵略
●神聖羅馬皇帝
●法國國王
●西班牙國王
馬基維利
佛羅倫斯的外交負責人
周旋於各國進行外交談判
為義大利的現狀憂心忡忡

威尼斯（Venice）、佛羅倫斯、米蘭（Milan）、那不勒斯（Naples）等，都為了爭奪義大利的主權企圖併吞對方。

外患則有神聖羅馬帝國皇帝、法國國王、西班牙國王，對看似富裕實則腐敗的義大利虎視眈眈。他們想藉由過去擁有的統治權、繼承權，尋找機會入侵義大利。除此之外，利慾薰心的義大利諸侯國為了擴張自己的勢力，竟協助引進這些外國勢力，無疑讓混亂的情況更雪上加霜。

在這種混亂的情況下，擁有執行佛羅倫斯共和國外交事物實權的馬基維利，鎮日與各國進行談判。同時，他也開始思索——如何拯救面臨內憂外患的義大利，成為一個統一而強大的國家。

但在一五一二年，馬基維利遭逢人生最大的厄運。因為先前被放逐的梅迪奇家族，返回佛羅倫斯進而重掌統治權。在梅迪奇家族被放逐期間相當活躍的馬基維利，被視為反梅迪奇派的頭號人物，因而遭到罷黜並被判入獄服刑。

次年，出身於梅迪奇家族的樞機主教李奧十世（Leo X，1475～1512）即位，宣佈大赦，馬基維利因而獲得釋放。馬基維利被釋放之後即隱居在郊外農莊，專心思考並著手著書。

利用一五一三年的七月至十二月這期間，馬基維利一口氣完成了《君王論》（The Prince）。

梅迪奇家族（Medici Family）

佛羅倫斯的銀行世家。十五世紀時以佛羅倫斯獨裁者身份統治該國，並以雄大的財力和歐洲各諸侯王國連成一氣。其家族曾出現兩位教宗。嫁給法國國王安利二世的凱莎琳．梅迪奇（Cotherine de'Medici，1519～1589）更發揮其精明強悍的本事，代替三位兒子攝政，建立佛羅倫斯托斯卡納公國。

馬基維利的思索

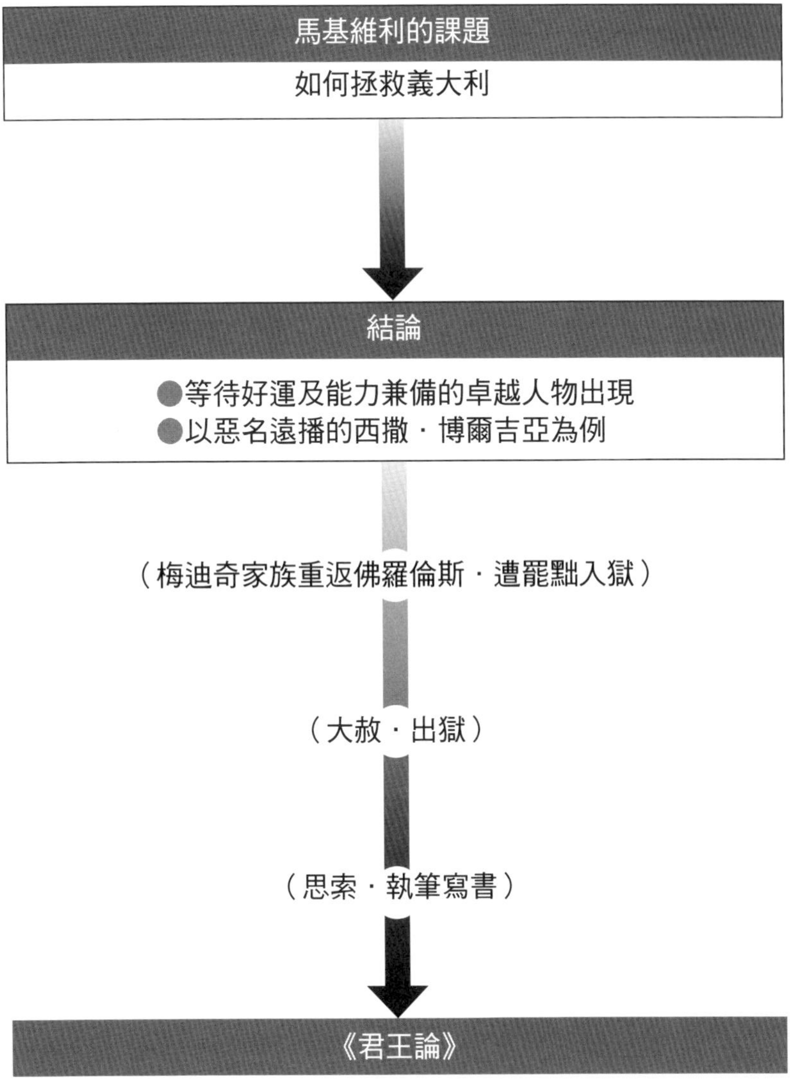
馬基維利的課題
如何拯救義大利
結論
●等待好運及能力兼備的卓越人物出現
●以惡名遠播的西撒・博爾吉亞為例
（梅迪奇家族重返佛羅倫斯・遭罷黜入獄）
（大赦・出獄）
（思索・執筆寫書）
《君王論》

◆領導人必須具備冷酷殘暴的資質

馬基維利從義大利半島各諸侯國及歷代政治人物的成功及失敗中發現，想要統一陷在混亂中的義大利——要等待一位好運及能力兼備的卓越人物出現。

在《君王論》中，馬基維利以西撒・博爾吉亞（Cesare Borgia）的主張為例。在現實生活中得天命卻惡名遠播、並以強大的力量使用權謀霸術，差一點就統一義大利的西撒・博爾吉亞，主張剛健質實羅馬共和制為理想的模範專制君主典型。

馬基維利把見到祖國統一的希望及自己的懷才不遇、渴望東山再起的心聲都融入了《君王論》，並打算將書獻給佛羅倫斯共和國新的統治者——洛倫佐・梅迪奇（Lorenzo de' Medici，1449～1492），以謀求一官半職。

可惜事與願違，馬基維利的心願並沒有實現。一五三二年，也就是在他去世後的第五年，《君王論》才得以公開出版。因為當時羅馬教宗視《君王論》為異端之書，當禁書處置。對《君王論》而言，無疑是一條坎坷的路。的確也有人說這是本「惡魔之書」，批評它是性惡說的魔鬼化身，會將人類的思想引入邪道歧途。

但是，馬基維利主張君王、領導者必須具備看清人性的資質，並適時地採取冷酷殘暴的權謀霸術以達政治目的，這卻是被認同的。雖然至今仍有許多人對《君王論》敬而遠之，但是它還是受到高度的支持，應該就是基於以上原因吧。尤其在世道特別混亂之時，《君王論》更被視為處世的圭臬。

2 長期處於群雄割據的義大利

談到君王論，就必須提到馬基維利的祖國，也就是孕育《君王論》的大地——義大利。

讓我們回溯到九世紀的法蘭克帝國時代。西元八一四年，為混亂的西歐帶來安定、並擁護羅馬天主教助其走上繁榮之路的查理曼大帝去世後，由兒子「虔誠者」路易（Louis）繼承王位。路易有四個兒子，分別是長子洛塔兒（Lothair，795?～855）、丕平（Peppin）、路得維希（Ludwig）及查理（Charles）。路易還在世時，便將帝國分給了四個兒子，後來因為特別疼愛繼室所生的四子查理，導致兄弟鬩牆而發生內戰。

路易本人也被捲入內戰，父子五人各懷鬼胎，展開各種令人目眩的合縱連橫、忽聚忽散的把戲。直到八四二年，彼此簽署〈凡爾登條約〉（Moselle Verdun）之後，才得以暫保和平。

查理曼大帝

德語 Karl（卡爾），法語是 Charlemagne（查理曼），742～814。
加洛林王朝（Carolingian Dynasty）的法蘭克王，統一西歐、征服日耳曼各族，擁護羅馬天主教，並擊退伊比利半島伊斯蘭教的入侵，八〇〇年，在羅馬受教宗里奧三世（Leo III，750～816）加冕為西羅馬帝國皇帝。

讓查理曼帝國分裂的不肖子孫

根據〈凡爾登〉條約，路易的長子洛塔兒擁有皇帝的帝號，同時也擁有義大利、倫巴底（Lombardia）和越過阿爾卑斯山沿著易北河（Elbe）到北海的細長領土。而被稱為「德國國王」的三子路得維希，則得到了義大利半島以東的國土，也就是現在德國的疆土。

另被稱為「禿頭王」的四子查理，則擁有義大利半島以西，也就是現在法國的國土，而二子丕平則在其弟之下當亞克坦尼亞王。其中洛塔兒所擁有的阿爾卑斯以北的細長迴廊，後來又以他的名字命名為「洛林」（Lothringen），也就是現在的亞爾薩斯・洛林（Alsace Lothringen）。

八五五年，洛塔兒過世後，其子路易二世繼承王位。但是路易二世的叔父路得維希及查理覬覦其領土，希望外甥分割領土，逼他簽署了〈梅爾森條約〉（Melsem）。根據〈梅爾森條約〉，洛特林根被一分為二，由路得維希及查理所得，皇帝路易二世形同封死在義大利。

查理曼大帝苦心建設的帝國，被子孫的私心這麼一搞，分別成了東、中、西法蘭克王國。這三個王國經過時間的變遷，即成了現在的義大利、法國及西歐的核心國家。就是因為路易二世等人不管洛林的地勢、風俗、語言、民族，恣意進行分割，才導致亞爾薩斯・洛林的歸屬問題，直到今日還成為德、法兩國爭休不已的議題。

義大利的成立

法蘭克帝國分裂

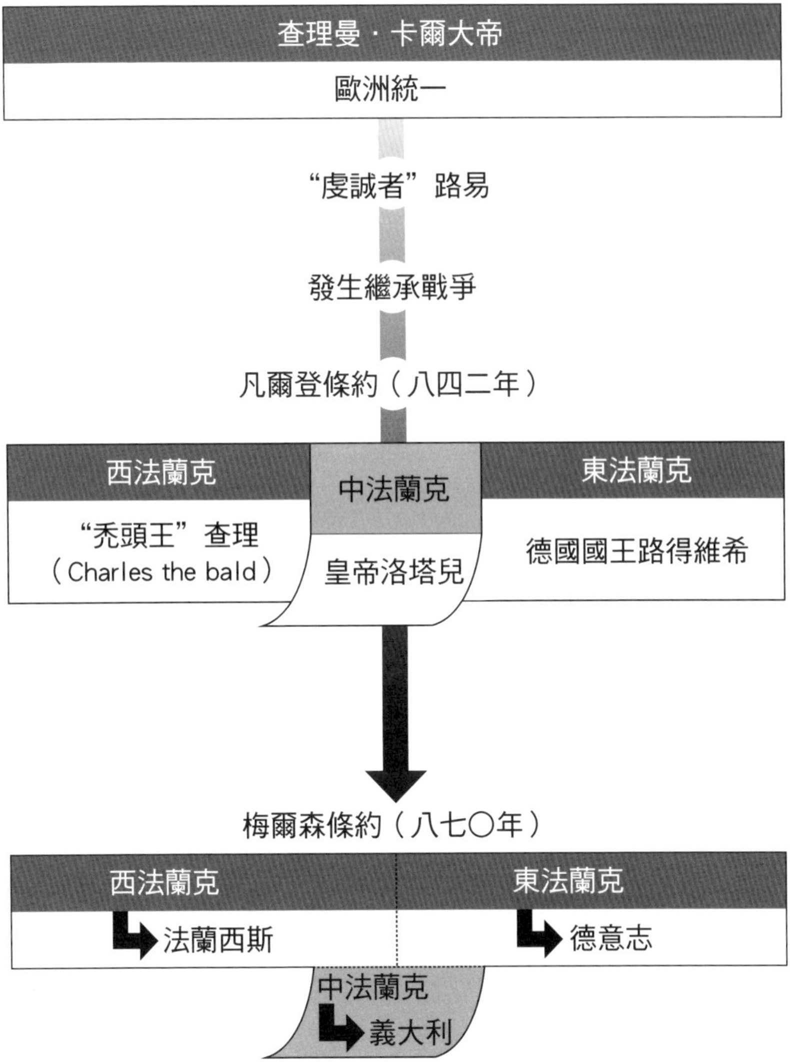

義大利諸侯紛攘林立

分裂為三的東、中、西法蘭克日後各有消長。

東法蘭克在九一一年「小兒王」路得維希四世過世後，查理曼大地的血脈斷絕，日耳曼部族集合體改採皇帝選舉制，不久後即發展成神聖羅馬帝國（德意志帝國，Deutschland）。

而西法蘭克王國在九八七年路易五世過是後，查理曼大帝的血脈也同樣宣告斷絕，改由攝政的巴黎伯爵胡戈·卡佩（Hugh Capet，938～996）繼承王位，創建卡佩王朝，行中央集權政策，後發展成法蘭西斯王國（法國，France）。

至於核心的中法蘭克王國（義大利王國），於八七五年路易二世過世後，卡洛林（Carolingian）家的男丁宣告斷絕，皇帝帝號消失，當地諸侯趁亂四處林立。

結果，義大利的許多王、公諸侯國，都市國家及已世俗化的羅馬教宗等紛紛群立割據。群雄割據的情勢，直到一八六一年朱賽佩·加里波底（Giuseppe Garibaldi，1807～1882）等人積極發起統一運動，薩丁尼亞王（Sardinia）維多·艾曼紐二世（Vittorio Emanuele II）才將中法蘭克王國統一為義大利王國。

皇帝選舉制

日耳曼族由各諸侯藉選舉方式選出德國的皇帝。第一位國王是法蘭克族的康拉德一世（Konrad I）。第三代撒克森族的鄂圖一世，在羅馬接受加冕成為神聖羅馬帝國的皇帝（德國國王）。此後，形成國王在羅馬加冕成為神聖羅馬帝國的習俗。

義大利消長情形

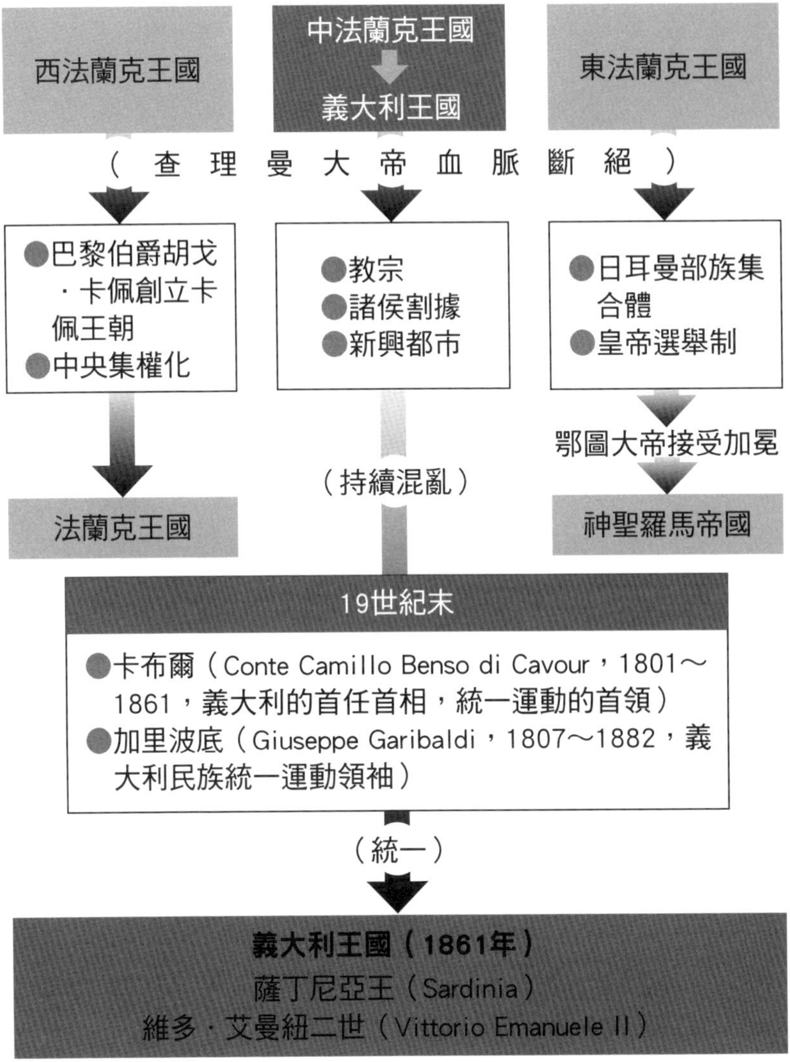
西法蘭克王國
中法蘭克王國
義大利王國
東法蘭克王國
（查理曼大帝血脈斷絕）
●巴黎伯爵胡戈·卡佩創立卡佩王朝
●中央集權化
●教宗
●諸侯割據
●新興都市
●日耳曼部族集合體
●皇帝選舉制
鄂圖大帝接受加冕
（持續混亂）
法蘭克王國
神聖羅馬帝國
19世紀末
●卡布爾（Conte Camillo Benso di Cavour，1801～1861，義大利的首任首相，統一運動的首領）
●加里波底（Giuseppe Garibaldi，1807～1882，義大利民族統一運動領袖）
（統一）
義大利王國（1861年）
薩丁尼亞王（Sardinia）
維多·艾曼紐二世（Vittorio Emanuele II）

第 2 章

何種形式的政權易於統御？

——君主國的種類及其建立方式——

1 政權有「世襲」及「重新建立」兩種

● 君主國形式包括「世襲王國」、「新建立的王國」兩種。
● 新建立的王國可能是嶄新的國家，也可能是遭到合併的國家。
● 獲得王國的方法，可能是利用其他國家的武力，也可能是依靠自己的武力。
● 不然，靠的可能是好運或是其能力。

欲建立王國，必須要擁有「好運」及「能力」

《君王論》是馬基維利專門為君主寫的指導手冊，依建立王國的方式，將王國分成世襲制度下的世襲王國及新建立的王國。

接著再將新建立的王國區分為二，一如被攻佔的米蘭公國般的王國，二為臣服於

米蘭公國（Milano）
位於倫巴底（Lombardia）的義大利強國。後備傭兵隊長、米蘭公爵女婿弗朗切斯科．斯福爾扎（Francesco Sforza，1401～1466）所攻佔。至其子羅得維科（Ludovico Sforza，1451～1508），又被主張維持米蘭公國繼承權的法國國王路易十二所奪。

西班牙王國、被其他國家合併的拿波里王國。

以日本戰國時代的例子來看的話，行世襲制的就如豐後的大友家、薩摩的島津家等從守護大名（諸侯）而翻身的名門。而新建立的王國則如齋藤道三所奪取的美濃、北條早雲所制霸的相模等。

被其他王國合併的，如被尾張織田信長合併而成為領國的美濃、近江，被武田信玄所奪佔的信濃等。

另外，獲得王國的方法也有兩種。一種是藉由其他國家的武力，一種是靠自己的武力。這是《君王論》中的重要論述之一。所以馬基維利針對建立新王國，需要靠「好運」及「能力」這點，有更進一步的詮釋。

◈完全適用於企業經營管理

仔細思索馬基維利在《君王論》所闡述的關鍵，其實是可以用於現代的企業經營管理的。

換句話說，世襲王國就像傳統產業；而新建立的王國就如同經營失敗導致破產、或被其他企業併購而重新出發的公司。遭其他王國合併的國家則像因經營不善而導致破產、或因景氣蕭條被其他企業合併失去經營權的企業。

另外關於利用其他王國的武力或是依靠自己的武力，以企業來說，就等於是利用

齋藤道三

山城守秀龍。原為奈良的賣油商，後投靠美濃的守護土岐家重臣長井氏並取而代之。最後他打倒了齋藤氏，並將守護土岐賴藝，成為美濃的國主。他的女兒歸蝶（通稱濃姬）為織田信長的正室。最後和兒子義龍對峙時戰敗而亡，人稱「腹蛇道三」。

企業之區分

現在

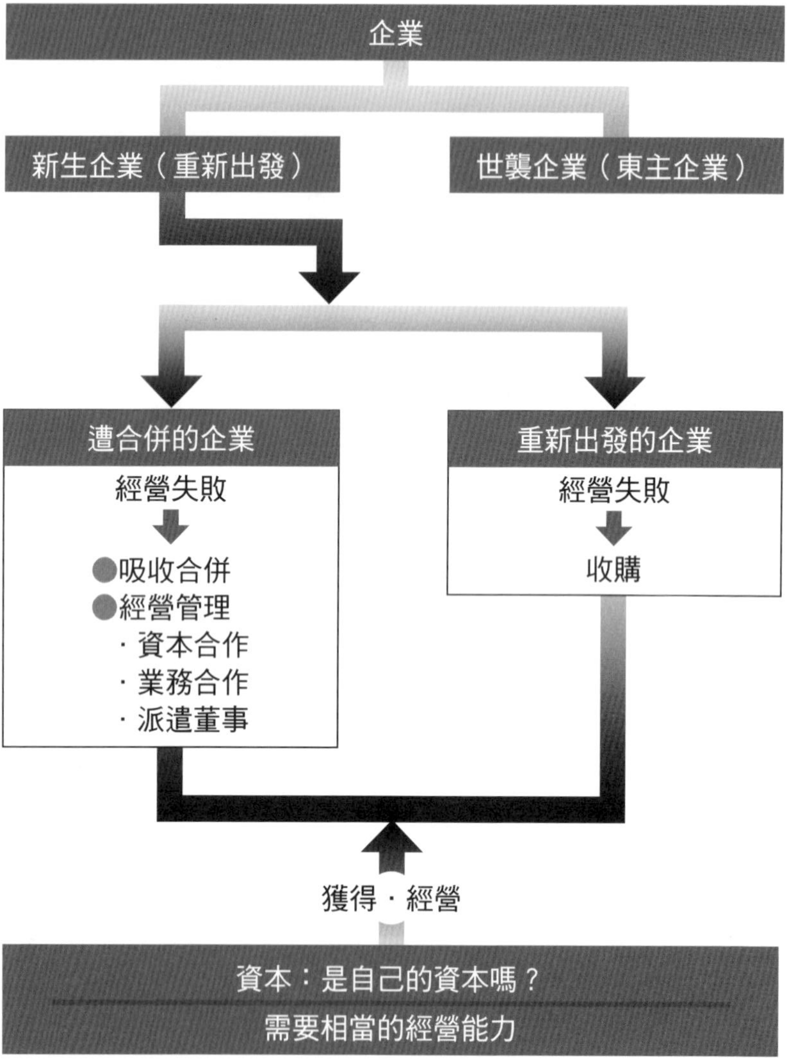
企業
新生企業（重新出發）
世襲企業（東主企業）
遭合併的企業
經營失敗
●吸收合併
●經營管理
・資本合作
・業務合作
・派遣董事
重新出發的企業
經營失敗
收購
獲得・經營
資本：是自己的資本嗎？
需要相當的經營能力

君主國

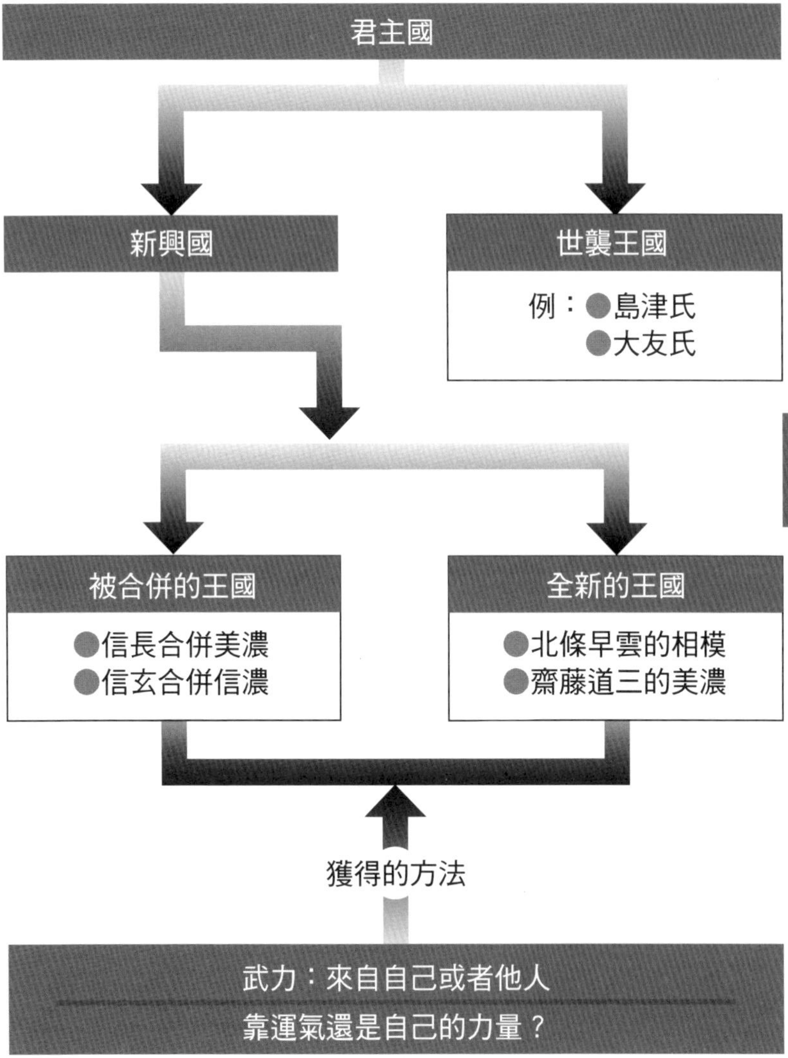
君主國
新興國
世襲王國
例：●島津氏
●大友氏
被合併的王國
●信長合併美濃
●信玄合併信濃
全新的王國
●北條早雲的相模
●齋藤道三的美濃
獲得的方法
武力：來自自己或者他人
靠運氣還是自己的力量？

外面的資金或是依賴自己的資金。

關於「好運」及「能力」，馬基維利認為，君王（領導人）要獲得王國並使之長治久安，首先得擁有「好運」（fortuna），然後再靠自己卓越的能力（virtù）以求得日後的穩固。

接著，馬基維利再以此項前提思考，君王該如何治理所獲得的王國？君王該具備何種資質？君王該如何展開行動？將其中任何一項套用於現在的企業經營管理，都是非常實用的教戰手冊。

2 維持世襲的政權較為容易

● 和新建立的王國比較，維持世襲制度下的政權較為容易。
● 只要固守、不觸犯祖先之前的制度，碰到突發狀況隨機應變就足夠了。
● 除非遭遇意外驚人的強大勢力奪其地位，身為世襲王國的君王只要擁有一般人的才能，國家即可保持安穩

以上是馬基維利的看法。不過咀嚼再三，總覺得欠缺了什麼。想要成就上述的事實，是不是該以該國的創立者已經打下穩固的基礎做為前提條件呢？因為強國滅亡的例子比比皆是。例如，豐後的大友義統（1558～1605，日本戰國時代的武將）、甲斐的武田勝賴（1546～1582，武田信玄之子）、相模小田原的北條氏政（1538～1590，戰國時代的武將）等。

罕見的成功例子

德川幕府 300 年

企業

- 年輕時的辛勞
- 屈從於織田信長及豐臣秀吉（1536～1598，戰國時代的武將）
- 以織田信長和豐臣秀吉為反面教材

（・考慮前途
・徹底打好基礎）

選定後繼者
・忠誠老實的德川秀忠（1579～1632），江戶幕府第二代將軍（1605～1623）

確保戰力
・800萬石

統治機構
・合議制

制定大名對策（諸侯對策）
・1615年頒布武家諸法度
・將大名分為三類，即親藩（德川家康的兒子和德川氏的近支宗族）、譜代（忠於自己和自己祖先的忠臣）、外樣（關原之戰前與德川家康同列大名的人，或戰時曾忠於豐臣秀吉戰後降伏的大名）

（得到約260年的長治久安）

所謂德川三百年
PAX TOKUGAWAN（德川和平時期，1603年－1868年）

全世界罕見的成功例子

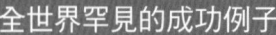

統治王國的難易度

新興王國	世襲王國
困難	容易

●承襲沿用祖先留下的做法
●適當處理突發事件

（只要不發生過於特殊的事件）

王國即可常保安泰

（真的是這樣嗎？）

採世襲制遭滅的王國比比皆是

●豐後的大友氏
●甲斐的武田氏
●相模的北條氏

必須先打下牢不可破的基礎

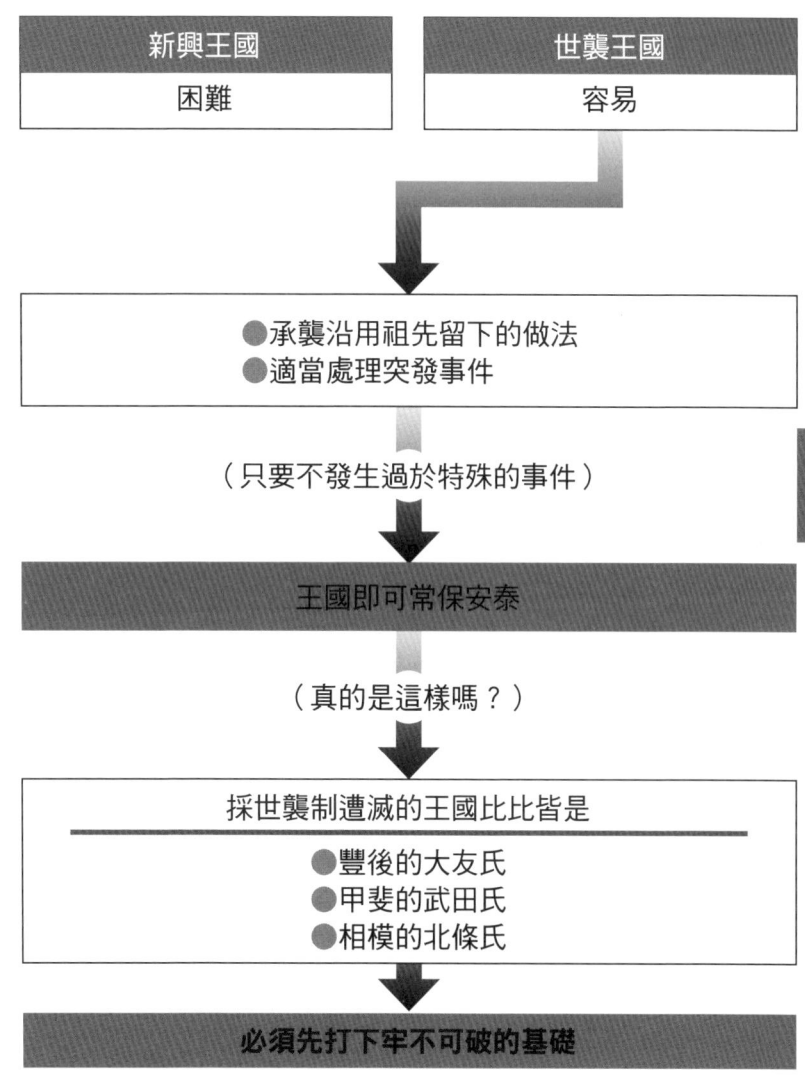

◈世襲的國家政權較易維持的證明

在這有個非常好的例子，可以驗證馬基維利所說的——在世襲君王制的統治下，國王比較容易長治久安。除非遇上了驚人的龐大勢力，國家才有可能走上瓦解之路。

這就是我們俗稱「德川三百年」的德川幕府。為德川幕府打下政權長期安定基礎的靈魂人物就是德川家康。德川家康最重視的是後繼者的選擇。他排除了豪放霸氣的次子秀康，選擇了資質平庸卻忠誠老實的老三——秀忠。

其次是財力。德川家康首先沒收了米穀收穫量可達四百萬石的直轄地，及親藩、譜代大名的八百萬石領土，然後再以強大的全部戰力消滅外樣大名。順帶一提，當時日本的米穀總收入量為一千六百萬石。

持續了約三百年的德川幕府治理制度，是歷經德川家康和繼承此一路線的秀忠及家光三代，耗時五十年才完成的。

首先，我們來看看幕府的行政機構。將軍之下設大老（非常時期才設）、老中以及若年寄。他們的地位相當於幕政樞機。為了防止將軍獨斷專行，整體運作採的是合議制。而身為幕僚的老中，則均為具有高忠誠度及才能的譜代大名。

在諸多政策中，最特別的就是對大名（諸侯）的對策。在此一對策下，所有的大名被分成了親藩、譜代、外樣三類。他們給譜代大名微薄的俸祿，讓其參與幕政；給

德川家康（1542～1616）

出身三河豪族、松平廣忠之子。從小即在織田及今川兩家當人質，日子過得極為辛苦。在織田信長及豐臣秀吉之下經過長年的忍耐，終於在關原之戰寫下輝煌的勝利歷史。取得天下後，稱征夷大將軍。憑其卓越的行政手腕重整幕藩體制，為「德川三百年」打下穩固的基礎。

外樣大名相當的領地但不許參與幕政，將其堵死在遙遠的領地。另外，還頒布「武家諸法度」，嚴格規範大名的行動。「武家諸法度」不但適用各大名，同時也適用於沒有實力卻擁有權威的朝廷。而且還特設京都所代司，嚴厲監視朝廷的一舉一動。

再來就是將所有國民分為士、農、工、商四個階層。每個階層皆有其必須嚴守的身份法紀。

德川幕府就是靠如此徹底的政策，讓國內秩序井井有條，創下了世界歷史上罕見、被稱為「PAX TOKUGAWAN」（德川和平時期）的約二百六十年的久安長治時代。

治理國家只需平庸的資質

馬基維利認為，世襲制下的君主只需要擁有一般人的資質就夠了。德川幕府中特別大放異彩的人物，除了家康、三代家光、五代綱吉之外，其他人皆為平庸之輩。

另外，馬基維利也提到：「只要不遭遇驚人的強力勢力奪其地位……」創下三百年盛世的德川幕府，的確是因為馬修．培里（Matthew Calbraith Perry，1794～1858，美國東印度船隊司令，1853年迫日本開放通商，簽署美日條約）駕著黑船來日，才從美夢中醒悟過來，最後蜷縮在「明治維新」中痛苦呻吟逐漸崩毀。這一事實也正好符合了馬基維利的觀點。

此一歷史教訓也非常適用於現在許多誇稱擁有悠久傳統的老字號企業。

武家諸法度

這是第二代將軍德川秀忠所制定的法律。此法規定，沒有幕府的許可，大名一律不許增築、改建城池並成婚。除嚴格限制大名的行動外，並嚴懲違反者。最有名的例子，首推因無故修理倒塌的城牆而被沒收廣島四十五萬石領地的福島正則。

3 治理全新的國家困難重重

●新核定的國家難以統治，因為以下的理由：
- 民眾對新領導人的期待和失望
- 因征服時的加害動作所產生的後遺症
- 協助者的不滿（協助者期望的待遇落空）
- 對協助者的顧慮（謝絕不用）

●但是如果兩國的地理位置接近，語言、風俗習慣一樣的話，統治較為容易。
●在這種情形下，得斬草除根，永絕前統治者的血脈。
●其次，不動既有的法律及稅制，讓民眾的生活環境維持現狀。
●最重要的是，必須儘快得到民眾的信賴。

在日本歷史上就有一位如馬基維利所言、闖入風土民情類似的鄰國之君主，除了誅殺原來統治者及其家屬外，還在最短的時間內施行善政掌握民心。

新合併王國的統治

馬基維利的想法

一般性的困難

- 對新君的期待和失望
- 征服時的後遺症
- 協助者的存在
  - ·君王的顧慮
  - ·協助者的不滿

↓

（如果遭合併的王國屬同一地區、語言及風俗習慣都相同的話）

↓

則較為容易

↓

（該遵守的條件）

↓

- 對原來的統治者斬草除根
- 不急著改變原有的法律、稅制等
- 盡速掌握民心

他就是關八州之雄、小田原北條氏的始祖北條早雲（1432～1519）。原稱為伊勢新九郎長氏的北條早雲，其姊為駿河守護大名今川義忠的正室。因為這層關係，北條早雲也遷往該處，成了今川家的食客。

文明八年（一四七六年），今川義忠在遠江遭武裝暴動的餘黨殺害，留下幼子龍王丸（親氏）。由於主君年紀小，今川的重臣立刻分成兩派爭執不休，為了平定這兩派的糾葛，堀越公方足利政知、關東管領上杉定正即分別派兵鎮壓引起騷動。這時，擁外甥龍王丸的長氏，巧妙穿梭在各關係人之間進行談判，終於收拾了這場混亂。長氏即因護主有功，獲贈駿河興國寺城。

延德三年（一四九一年），堀越公方足利政知在伊豆過世後，由長子茶茶丸繼位。繼位後的茶茶丸殺害繼母及同父異母的弟弟，施行暴政，使得伊豆陷入一片混亂。

之前早就盯上伊豆的長氏，認為大好時機到來，立刻發動手邊二百名士兵及來自今川的三百名援軍，走水陸攻入伊豆，殺了公方茶茶丸，並乘勝奪占伊豆。

釋出善意籠絡民心

此時，占領了伊豆的長氏即如馬基維利所教，立刻迅速平息國內的混亂並籠絡人心。首先，他豎立佈告牌公告三條禁令。違者除遭嚴懲之外，其房舍還將一併被燒毀。這三條禁令分別是：

堀越公方

為了鎮護關東而設於鐮倉的關東管領（關東公方）第四代足利持氏，因反抗將軍足利義教而遭殺害，其子足利成氏逃至下總古河，稱古河公方。第六代將軍足利義政將足利政知送至伊豆，稱為堀越公方。此後兩位公方即不斷發生爭戰，使關東成了動亂之地。烽火連天的情形，一直持續到日本戰國時代。

北條早雲平定伊豆

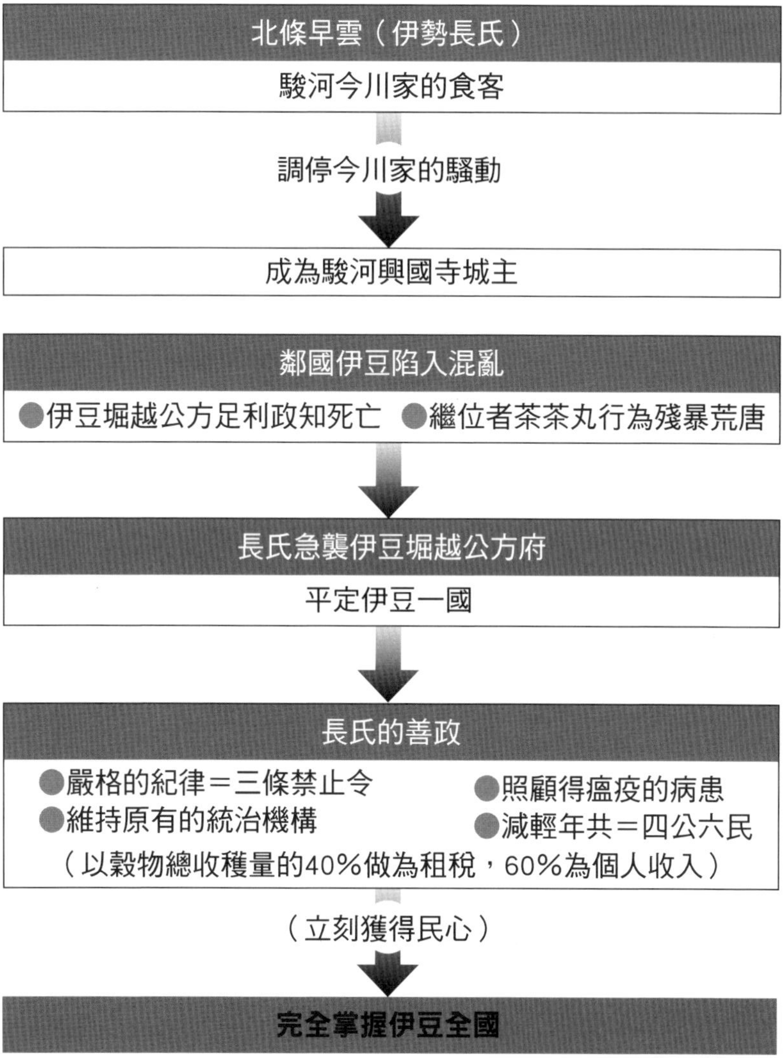
北條早雲（伊勢長氏）
駿河今川家的食客
調停今川家的騷動
成為駿河興國寺城主
鄰國伊豆陷入混亂
●伊豆堀越公方足利政知死亡
●繼位者茶茶丸行為殘暴荒唐
長氏急襲伊豆堀越公方府
平定伊豆一國
長氏的善政
●嚴格的紀律＝三條禁止令
●維持原有的統治機構
●照顧得瘟疫的病患
●減輕年共＝四公六民
（以穀物總收穫量的40%做為租稅，60%為個人收入）
（立刻獲得民心）
完全掌握伊豆全國

一、禁止進入空宅觸碰各道具；
二、禁止取走一錢以上有價之物；
三、從武士到士民，一律禁止離開其住所。

此時伊豆正好流行瘟疫。家有瘟疫病人的家人，為了怕被傳染均棄患者於不顧。長氏見此情景，不但令醫生看病給藥，還動員了五百名士兵照顧病患，讓他立刻得到了民心。

維持現狀、獲得支持

此外，伊豆國內的行政組織則維持現狀。每位領民的地位、身份、職務等均獲得保障。至於領地，除了將堀越公方原有的直轄領地做為台所領之外，其他均維持現狀。這些行政措施當然又為長氏爭取到了大半豪族的支持。

國主形同領民的父母官，所以長氏亦對過往苛酷的租稅、賦稅制度進行徹底改革。將年貢降為四公六民，並廢除其他各種稅及徭役。如此推行善政，讓豪族、領民心悅誠服。於是長氏就在極短的時間內，即掌握了伊豆全國。

托古觀今，如有一企業合併或收購同種企業，欲在混亂中確立經營權時，此例就是最好的參考了。

四公六民

這是農民年貢的比率。通常是五公五民。亦就是把穀物生產總收穫量當成十，其中的五，是獻給領主的年貢，剩下的五則為農民所有。最殘酷的情形為六公四民。北條早雲征服伊豆時即行善政，將年貢改為四公六民。此後全國即以四公六民為基準。

4 「好運」和「能力」

- 為了能面對各種困難，需要強勢的好運（fortuna）及卓越的能力（virtù）。
- 最好的對策就是征服者直接遷入征服地。
- 另一對策則是派遣移民兵定居領土的重要據點，但要特別注意：
  - 保護領地內弱小勢力，爭取支持。
  - 不在領地之內製造強大勢力。
  - 不引入外在的強權勢力。

君主應親入征服地進行領導統御

征服其他國家併入自己領土後，君王通常都是自己坐鎮本國，派遣其他官員到該國進行統治。

馬基維利則認為，如果被合併國的國情、風俗習慣等均和本國有極大差異時，此一方法萬萬不可行。君王應該親自領導統御，才是上上之策。退而求其次，才是派遣代理者移居紮根進行統治。

在日本歷史上，照著馬基維利的方法做的就是織田信長。先前我到琵琶湖畔的安土城，看到了一大片剛出土的安土城址，及已修復的豪華壯觀的天守閣，不禁發出讚嘆。此安土城正驗證了馬基維利教我們的法則。信長祖先是尾張守護斯波家的守護代織田宗家三奉行之一，其家世並不顯赫，只是小小的家臣。在父親信秀死後當家的信長，因為討伐清洲城的宗家織田彥五郎，從名護屋搬到了清洲。接著他在「桶狹間會戰」中打倒了今川義元，實力大增而統一尾張。而後的信長又以正室濃姬（本名歸蝶）的娘家美濃為目標。

永祿八年（一五六五年），逐走齋藤龍興，奪取居城稻葉再合併美濃的信長，將這塊土地改名為岐阜城，並從清洲遷居此處。接著以岐阜做為取天下根據地，揮軍入京曲近江，收服當時在畿內（日本古代京城千里之內的地區）逞淫威的松永久秀，除掉三好三人眾（三好長逸、三好長慶、三好元長），並立足利義昭為十五代將軍。

信長讓部將們定居征服地

信長以岐阜為基地，將幹將派往各方，企圖擴大其領土。當統治的領土超過直轄

足利義昭

第十五代足利將軍。第十三代將軍遭松永久秀、三好三人眾殺害，他是唯一的倖存者。在越前朝倉氏家中為食客，直到織田信長前去迎接才登上將軍之位。由於不甘任由織田信長擺佈，聯合武田信玄等人反抗信長。不久即向信長投降。至此室町幕府滅亡。

統治語言、習俗皆異的合併國

馬基維利的看法

- 會面對各種困難
- 統治時需要強勢的運氣及莫大的努力

（事實如此該怎麼辦呢？）

對策

- 上上策：征服者親自遷移至征服地
- 上中策：派遣移民兵定居重要據點

實例

- 鄂圖曼・土耳其帝國（Ottoman Turkey，1299年由鄂圖曼所建之土耳其體系的回教國家）的穆罕默德二世，將首都遷至君士坦丁堡
- 蒙古人 ➡ 在中國本土建立元帝國
- 滿州旗人 ➡ 在中國建立清帝國

的限界時，他就執行「切取勝手」（任意侵占），讓部將定居在境內、進行管理，正符合了馬基維利所說——派遣大臣並紮根定居。因此在北陸方面定居的就有越前的柴田勝家、若狹的丹羽長秀、能登的前田利家、越中的佐佐成政，在山陰則有明智光秀的丹波，在山陽有羽柴秀吉的播磨等。

形同稱霸日本的信長，於天正八年（一五八〇年）在可以一覽政治中心地——京都的琵琶湖畔建造安土城，並從岐阜遷往該處，以此地為根據地，蓋下「天下布武」四字刻印，完成一統日本的終生職志。

織田信長等於完全實踐了馬基維利所叮嚀的統治時的注意事項。他在攻下美濃、收服稻葉一鐵（1515～1588，戰國的武將時代，美濃曾根城主，又名良通或長通）等豪族、稱霸畿內之後，重用荒木村重、中川清秀、高山信房、梟雄松永久秀等人，讓他們擔任推展事業的重臣。

在畿內誇稱一大勢力的石山本願寺是信長的肉中刺，經過長年的戰鬥，才讓一干人等敗退到紀伊。此外，在尾張尚未統一之時，信長並未向表面上向他示好的岳丈「美濃腹蛇」齋藤道三求援，這也是不招惹有怪癖之人介入的好例子。

總之，各種作為都吻合了馬基維利想法的信長，對於現代領導人面臨企業重整，或者藉購併其他企業經營權的經營者來說，都是經營上最好的教戰範例。

石山本願寺

一向宗（淨土真宗）的總本山。為了對抗稱霸畿內的信長，安藝的毛利氏、紀伊的雜賀眾、根來眾、伊勢長島、越前門徒聯手出擊。但是不久後（耗了十一年），彈盡援絕而敗退紀伊鷺之森。在這段時間裡，豐臣秀吉已經建好了大阪城。

織田信長對征服地的統轄

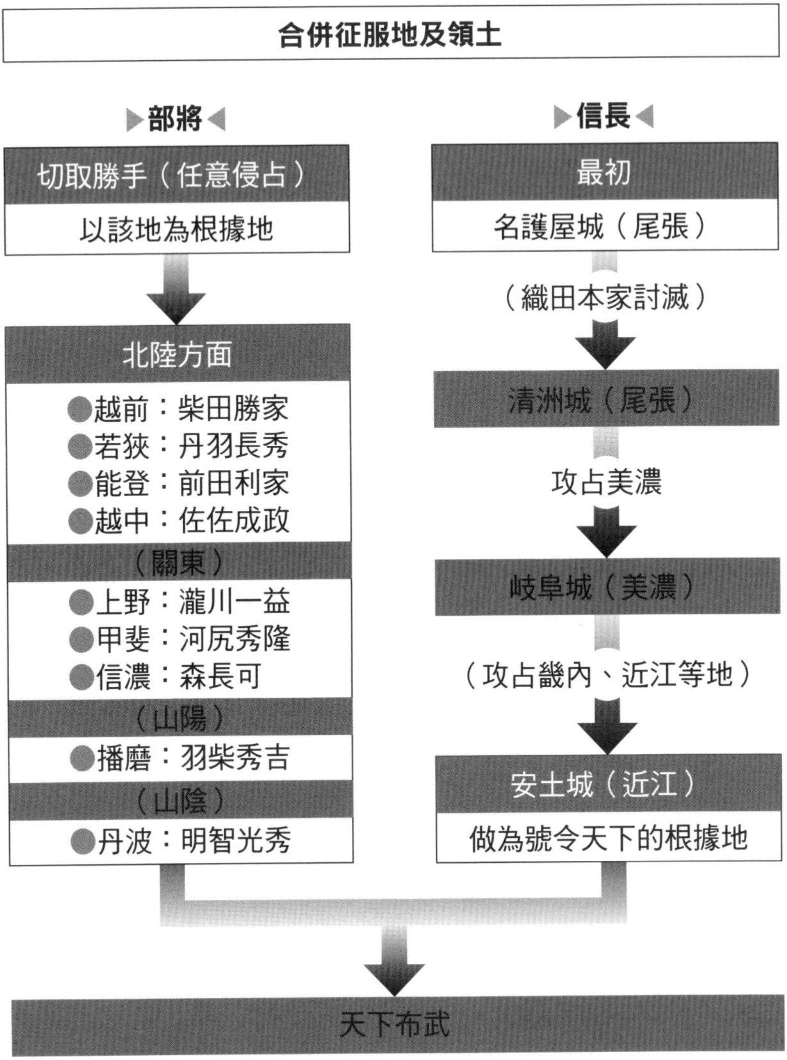

合併征服地及領土
部將
切取勝手（任意侵占）
以該地為根據地
北陸方面
●越前：柴田勝家
●若狹：丹羽長秀
●能登：前田利家
●越中：佐佐成政
（關東）
●上野：瀧川一益
●甲斐：河尻秀隆
●信濃：森長可
（山陽）
●播磨：羽柴秀吉
（山陰）
●丹波：明智光秀
信長
最初
名護屋城（尾張）
（織田本家討滅）
清洲城（尾張）
攻占美濃
岐阜城（美濃）
（攻占畿內、近江等地）
安土城（近江）
做為號令天下的根據地
天下布武

5 要征服專制國家大不易

- 君主國有兩類，一為專制王國，一為擁有強權諸侯的封建國家。
- 征服專制國家較為困難，但是日後的統治較為容易。
- 反之，征服封建君主國較為容易，但日後的統治卻比較困難。

馬基維利將君主國的政治體制分為兩大類，一為專制體制，一為封建體制，將其征服進行統轄時的難易度不一。

	（征服）	（統治）
專制君主國	難	易
封建君主國	易	難

例如土耳其帝國，當所有權力都握在君主一人手中，臣子們即如毫無權限的奴僕。

居魯士二世（Cyrus the Great，600? ～ 529 BC.）

他滅了美索布達米亞的新巴比倫帝國、小亞細亞的呂底亞（Lydia）王國及米底亞（Media）的三個國家建立波斯帝國，是古今首席名將。後來的亞歷山大、漢尼拔（Hannibal 247 ～ 83BC）、凱撒、拿破崙等名將都以他為典範。

在這種情形下，要耍計謀與這些人勾結、唆使他們叛變是不可能的。但是，如能打敗該國強大的軍隊，又同時除去其君主，這些臣子即無招架之術，要他們往東他們不敢往西，易於統轄。在歷史上，阿塔瓦爾帕（Atahualpa,?～1533，印加帝國末代皇帝）被處決後，原本強大的印加帝國（Inca Empire，十二～十四世紀位於秘魯的印加族帝國）即煙消霧散，即為實例。

征服封建君主國較為容易，但日後統治卻比較難

反之，採封建制的君主國，每一位諸侯都擁有相當的獨立權，亦擁有自己的武力。這時，威脅利誘其中幾人為自己所用，利用此方法征服該國比較容易，問題出在征服之後的統治。對引路者的待遇、應付反抗的諸侯、曾投靠自己的人馬又再度背離等等問題，都會在統治後不斷出現。

馬基維利以遭亞歷山大大帝所滅的波斯帝國為例。由後人稱為大王的居魯士二世所創立、版圖涵蓋整個東方的波斯大帝國，是個典型的專制君主國。君王擁有絕對的強權，行使中央集權制。遼闊的國土劃分為無數的行政區，由君王親自任命直屬總督（satrap），並派遣人員統治。

西元前三三一年七月，為聲討天敵波斯而進入美索布達米亞的年輕皇帝亞歷山大，率領五萬馬其頓精兵在高加米亞（gaugamela）平原擊潰了波斯王大流士三世

亞歷山大大帝（Alexander the Great，356～323 BC）
馬其頓（Macedonia）王菲利浦二世（Philip II）的兒子，小小年紀即當上了希臘盟主並率軍進行東征。打敗希臘的強敵波斯帝國後，將觸角伸向印度，建立一個橫跨歐亞非的馬其頓帝國。他以亞力山卓市為中心發展希臘文化。西元前三二三年死於巴比倫，享年三十二歲。之後，馬其頓帝國即分裂為三。

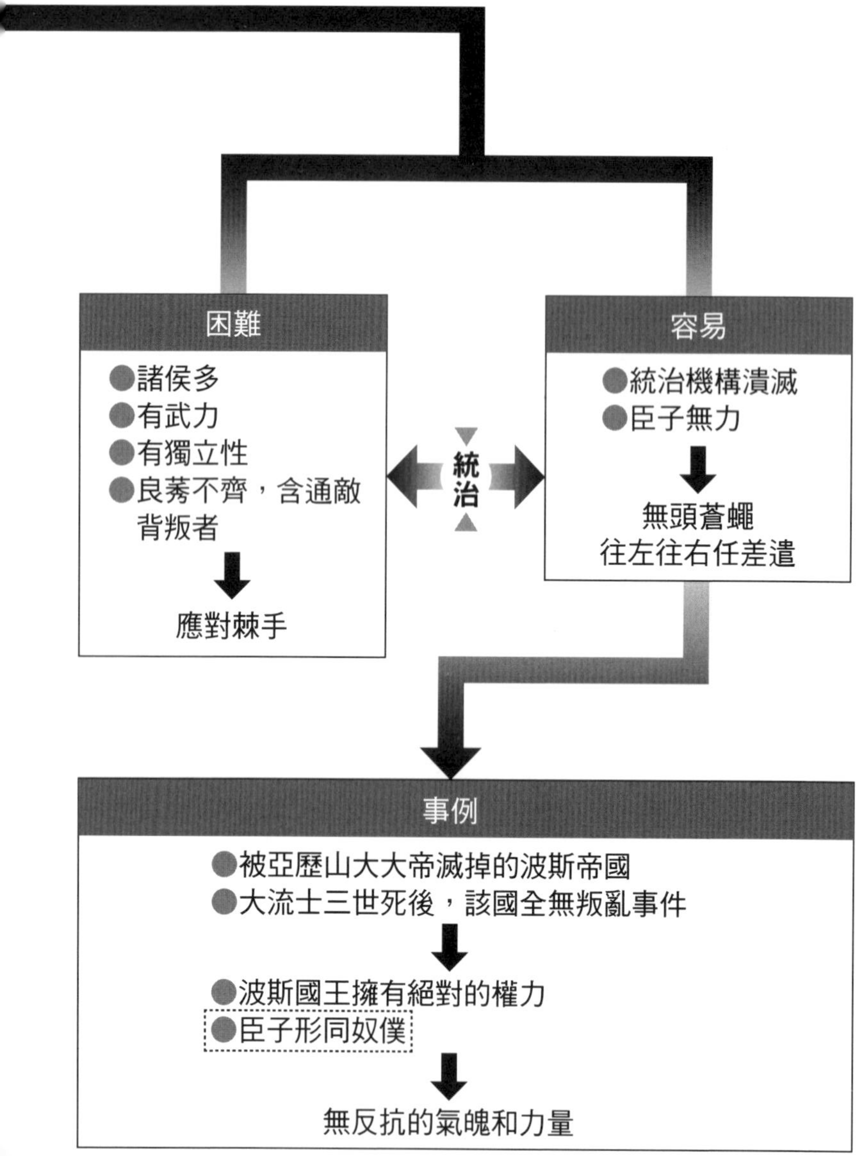
困難
●諸侯多
●有武力
●有獨立性
●良莠不齊，含通敵背叛者
應對棘手
統治
容易
●統治機構潰滅
●臣子無力
無頭蒼蠅
往左往右任差遣
事例
●被亞歷山大大帝滅掉的波斯帝國
●大流士三世死後，該國全無叛亂事件
●波斯國王擁有絕對的權力
●臣子形同奴僕
無反抗的氣魄和力量

君主國的征服及統治

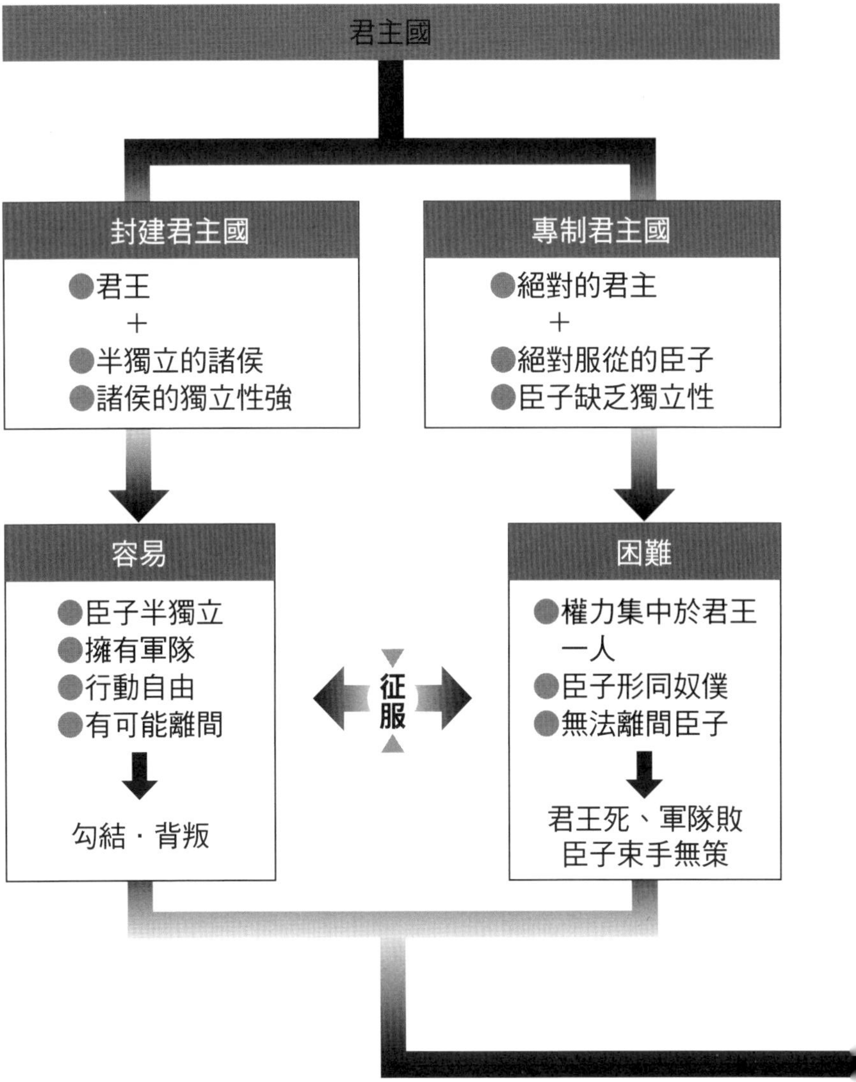

君主國
封建君主國
●君王
＋
●半獨立的諸侯
●諸侯的獨立性強
專制君主國
●絕對的君主
＋
●絕對服從的臣子
●臣子缺乏獨立性
容易
●臣子半獨立
●擁有軍隊
●行動自由
●有可能離間
勾結・背叛
征服
困難
●權力集中於君王一人
●臣子形同奴僕
●無法離間臣子
君王死、軍隊敗
臣子束手無策

（Darius III，阿黑門尼德王朝最後一位波斯王）的百萬雄兵。脫離戰線的大流士，在逃亡途中被臣子巴克特利亞總督所殺，於是波斯大帝國一夕之間王國。之後，亞歷山大即遠征印度，建造了一個橫跨歐亞非的大帝國，並以亞力山卓市（Alexandria）為據點，發揚希臘文化。

失去了專制的君王，下屬如無頭蒼蠅

不論是在亞歷山大大帝還活著時或死後，被征服的波斯帝國都沒發生過一樁叛亂事件。探究其原因，即如馬基維利所述，行中央集權、擁有絕對權力的大流士一死，剩下的臣子即如無頭蒼蠅束手無策，既無反抗的魄力、亦無應對的能力。

以此例觀看今日的企業，我們可將遭合併的企業分為兩種，一種是行個人（one-man）體制的家族企業，一種則是從社長到職員全為雇聘人員、人多口雜派系分制的企業。當經營者對這兩大類型的企業進行管理時，何者較為容易，何者較為艱難，應不難判斷了。

第3章

君王必須具備
強大的力量

1 偉大君王的好運在掌握良機

● 統治一個全新的國家，其難易程度要看君王的能力。
● 運氣及力量可以緩和所遭受的困難，如能不靠運氣則更為安泰。
● 過去偉大的君王，全都懂得掌握由好運衍生的好機會。
● 好機會可以讓一個人成功，卓越的能力可以讓一個人把握好機會。
● 要發揮力量必須擁有武器，有武力做後盾的預言家將奪得勝利，反之則遭到消滅。

◈ 降臨的好運、卓越的能力、強大的武力三大要素

馬基維利在《君王論》中，特別強調「fortuna（好運）和 virtù（能力）」。

君王若想要成就其事業，好運和能力缺一不可。易言之，一位雄才大略的君王不但

是運還是才能？

統治新征服國家

困難重重

（如何解決？如何成就大業？）

↓

君王的運氣和才能

（何者為重？）

（當然是才能）

↓

首先靠運氣入門

●開啟好運到來的一扇門　●看透洞燭

↓

才能是正式登場的必要條件

●掌握好運　●強勢執行、成就大業

必要條件

▶**要發揮力量必須擁有強大的武力**◀

要能洞燭先機並掌握好運，同時還要具備將之實現的超群能力。因此，好運就像一扇開啟良機的門，而能力則是成就豐功偉業的利器。而要發揮能力就必須具備強大的武力。

梅迪奇家族被放逐後，掌權的狂人修道士薩沃那洛拉（Girolamo Savonarola，1452～1498，義大利宗教改革家，以火刑殉教）不久後即被市民唾棄，遭教宗逐出、處以火刑就是最好的例子。這個例子印證了：「只會耍嘴皮子，不具滿足市民策略、背景之能力的人，必會走上窮途末路。」

把握良機發動十月革命的列寧

馬基維利提到「有武力做後盾的人，將奪得勝利」。這句話讓我想起，現已瓦解、世界第一個奉行共產主義的蘇維埃聯邦的建立者——天才革命家列寧。

在一次世界大戰打得如火如荼的一九一七年二月，因為首都列寧格勒（前蘇聯西北海岸港市，該國第二大城市，一九一四年前為帝俄首都，稱聖彼得堡，之後改稱列寧格勒，現又改回聖彼得堡）的勞工及士兵發起暴動，沙皇尼古拉二世（Tsar Nicholas II，1868～1918，俄國末代皇帝，在二月革命中退位，十月革命後被槍決）被迫退位，擁有羅馬帝國正統皇家血緣、曾君臨東歐的羅馬諾夫王朝（Romanov，1613～1917）的俄羅斯帝國在雙鷲的旗幟下宣告滅亡。

一聽說「二月革命」（因為曆法不同，有人稱之為三月革命）成功了，亡命瑞士

無才能者的窮途末路

佛羅倫斯共和國1494年

梅迪奇家遭逐放

（趁此好運）

↓

修道士薩沃那洛拉

●掌握主權　●狂熱的神權政治

（背離時代需求，缺乏統治能力）

（不久遭民眾所唾棄）

（不具抑制動亂的背景）

↓

被教宗逐出門牆

↓

處以火刑

好運降臨但缺乏力量

▶無武力為後盾預言家的窮途末路◀

（馬基維利）

的俄羅斯社會民主勞動黨的多數派（布爾什維克，Bolsheviki）的首領烏拉迪米爾．伊里奇．列寧（Vladimir Ilich Lenin）、以及高足吉諾維夫（Jinoviefu）搭乘德國陸軍參謀本部的特別列車趕回俄國。

聽到列寧回國的消息，優秀的活動家里昂．托洛斯基（Leon Trotsky，1879～1940，俄國革命家、著述家）也從紐約返國，連流放於西伯利亞的卡梅尼夫（Car Menefu）、史達林（Joseph Stalin，1879～1953，前蘇聯政治家、共產黨總書記、部長會議主席）等革命鬥士，也相繼回到列寧身邊。此時的俄羅斯，信奉俄羅斯傳統革命思想的社會革命黨、社會民主勞動黨的少數派（孟什維克主義者，Monsheviki）及以進步的民主階級立憲民主黨為基礎的陸軍大臣凱倫斯基（Aleksandr Fyodorovich Kerenskii，1881～1970，俄羅斯的政治家）已在策動革命成功的勞工及兵士們的評議會（蘇維埃，Soviet）的支持下，組織了臨時政府。

回國後的列寧開始攻擊凱倫斯基政權，並標榜真正無產階級革命的「四月綱領」，同年策動十月革命，並成功取得政權。取得政權的列寧，即組織人民委員會政府，自任人民委員會議議長，並任命托洛斯基為外務人民委員（外相），其他的革命鬥士則為人民委員（閣僚）。

成功取得政權的布爾什維克，為了促進俄國的共產化，也為了盡速終結戰爭。簽署了極為讓步的〈布雷斯特．李特夫斯克條約〉（Brest litovsk，一九一八年三月三日簽署）和德國講和。

列寧（Vladimir Ilich Lenin，1870～1924）

以策動俄羅斯革命為目的的社會民主勞動黨多數派之領袖。一九一七年發動「十月革命」取得政權。藉其個人領袖魅力、卓越的組織、軍事、行政能力，平息革命後的一團混亂，建設蘇維埃聯邦。一九四二年，因動脈硬化後遺症去世，享年五十三歲。

結果德國對俄國的單獨媾和，激怒了以英、法為首的聯合國。不久後，列強即出兵西伯利亞，開始武力干涉。另外，受列強支援的皇帝派軍隊（白軍）的反叛、以及烏克蘭、卡札夫等地的民族暴動，讓俄國頓時陷入一片混亂。

為了解除危機，身為列寧的右股肱的國防人民委員（國防部長）托洛斯基，集合了皇帝軍舊軍加上士兵、工人等組成了強大的紅軍。紅軍在各地擊敗了白軍，並在一九二〇年五月，擊退入侵的外國軍，俄國終於得以暫時平靜。正如馬基維利所說的，列寧是靠布爾什維克政權下的軍備力量，獲得了最後的勝利。只是布爾什維克的政權命運真是乖舛多難。

列寧面對的最大困難，即是民心的荒廢及經濟的蕭瑟。一九一八到一九二〇年內戰期間，拿不出任何經濟策略的布爾什維克政權，完全依賴掠奪農民生產的「戰時共產主義」籌措戰費。結果引發骨牌效應，農民生產慾望低落、產量銳減、國內經濟癱瘓、反革命暴動頻傳。列寧驚嚇之餘，立刻中止「戰時共產主義」，改採融合小規模企業私有化等新經濟政策（NEP，New Economic Policy），才終止種植危機。之後，列寧又積極改善俄國和其他國家的關係，並再度合併已經獨立的白俄羅斯等帝國，於一九二二年十二月成立「蘇維埃社會主義共和國聯邦」（通稱蘇聯）。

列寧之所以能成立史上第一個社會主義大帝國蘇聯的最大要因，可說是結合馬基維利所倡導的三要素之故，這三個要素是促成十月革命成功的好運、列寧的領袖才能及強大的紅軍戰力。

托洛斯基（Leon Trotsky，1879～1940）

俄國的天才革命家。在革命完成後的動盪時期，以外務人民委員（外相、外交部長）、國防人民委員（國防部長）的身份和各國進行協商、鎮壓內亂。列寧死後，和史達林爆發權力鬥爭，失敗亡命天涯。一九四〇年，在墨西哥遭史達林派來喬裝成佣人的刺客暗殺身亡。

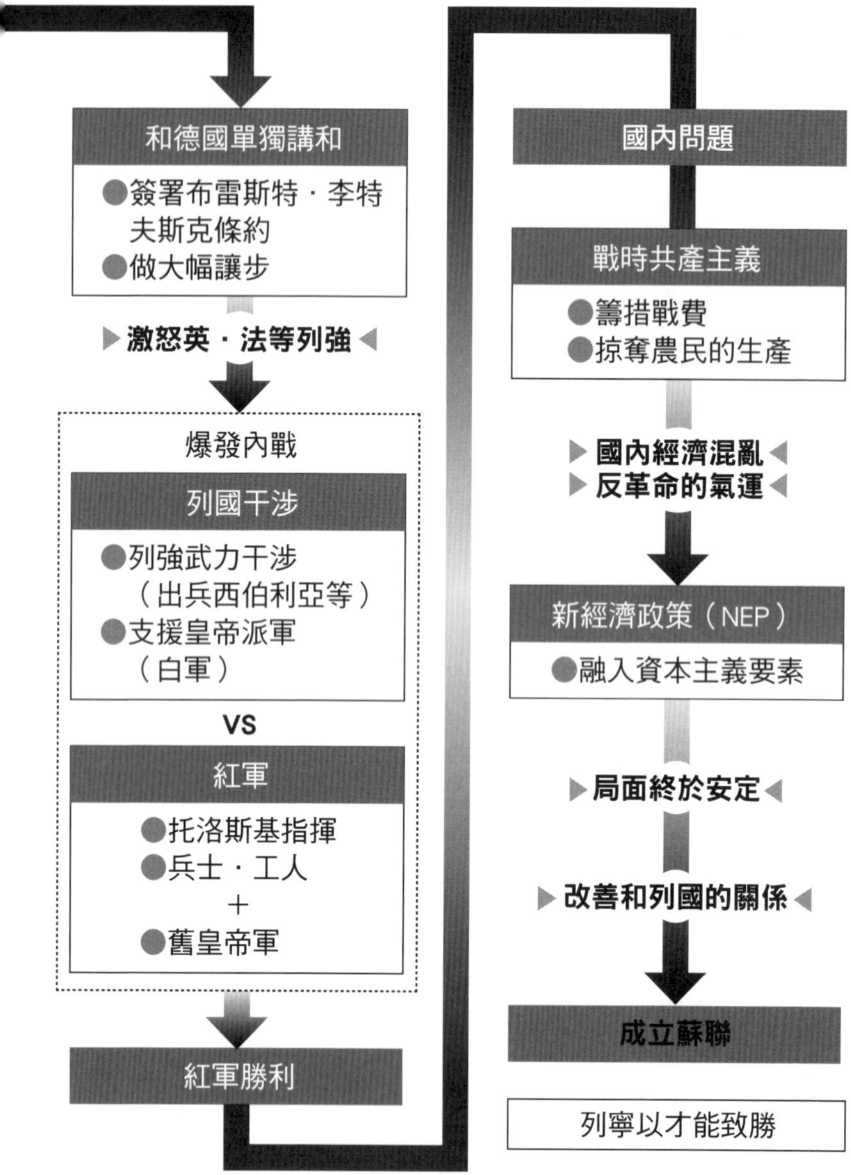
和德國單獨講和
●簽署布雷斯特・李特夫斯克條約
●做大幅讓步
激怒英・法等列強
爆發內戰
列國干涉
●列強武力干涉（出兵西伯利亞等）
●支援皇帝派軍（白軍）
VS
紅軍
●托洛斯基指揮
●兵士・工人
＋
●舊皇帝軍
紅軍勝利
國內問題
戰時共產主義
●籌措戰費
●掠奪農民的生產
國內經濟混亂
反革命的氣運
新經濟政策（NEP）
●融入資本主義要素
局面終於安定
改善和列國的關係
成立蘇聯
列寧以才能致勝

從俄國革命看列寧的力量

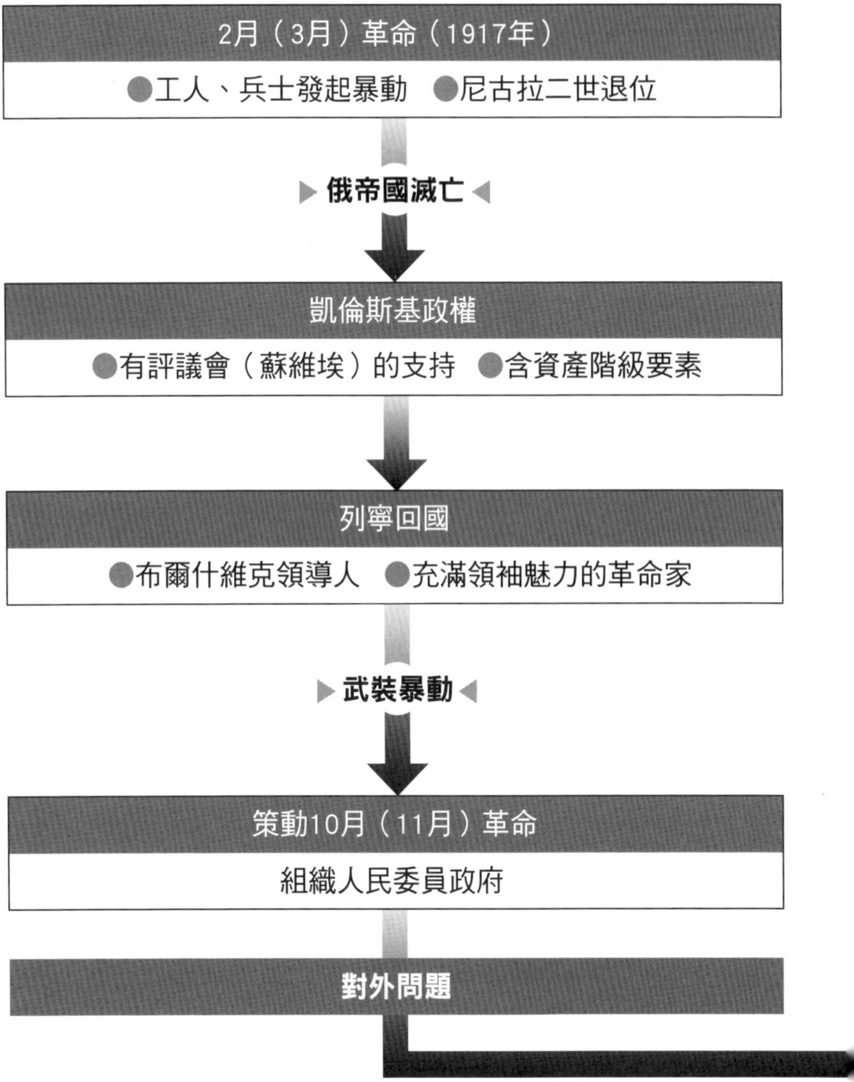
2月（3月）革命（1917年）
●工人、兵士發起暴動 ●尼古拉二世退位
俄帝國滅亡
凱倫斯基政權
●有評議會（蘇維埃）的支持 ●含資產階級要素
列寧回國
●布爾什維克領導人 ●充滿領袖魅力的革命家
武裝暴動
策動10月（11月）革命
組織人民委員政府
對外問題

2 必須具備活用「好運」、「好意」的力量

- 只靠好運成為君王的人，要統治國家相當困難。
- 這種情形好比以金錢買下王座或靠他人好意禮讓國家。
- 好意、好運皆善變，到手的王位不安穩；這類君王不知保位謀略，亦無保位才能。
- 因此，靠著好運及他人善意成為君王者要統治國家，必須儘速擁有確保王位的力量。

藉他人之力成就其業的下場

如前所述，馬基維利透過《君王論》，極力強調「運」（好運、他人的好意）、「能力」（才能、機智、手腕等）和君王的關係。所以在此，馬基維利認為只靠好運及他

只靠好運無法勝任君王之位

只靠好運而成為君王的人

靠金錢捐得君王王座的人

↓ 要統治國家相當困難

原因

●好運及好意都是不穩的
●不知保位的謀略
●不具保位的才能

↓ ▶要統治國家◀

必須儘速擁有確保王位的力量

運：天運、幸運、他人的好意等等
力量：器量、才能、機智、手腕等等

人好意成為君王的人，不知保位謀略亦無保位能力。因為這些人如果未具備滿腹韜略及卓越的力量，即無領導統御他人的本事，更無法有足以讓人效忠的戰力。

馬基維利認為在羅馬帝國不具任何力量、只受軍隊擁立的皇帝，更甚而靠錢捐得皇帝王座的人，終將走上窮途末路。

在日本，室町幕府第十五代將軍足利義昭，就是最好的例子。他在流浪落魄之時，得織田信長之助坐上了將軍的寶座。無主見、無才能、無直屬軍隊，只靠一份幸運——信長的好意——登上將軍之位的義昭。不久後，即開始對虛設的將軍寶座心生不滿、欲除信長而快之，結果夢碎投降從此沒落。

◈活用好運的西撒．博爾吉亞

馬基維利曾給某位懂得活用好運、憑藉優越的才能達成一己野心的人物相當的禮讚。他就是世人認為倒行逆施、惡魔附身的西撒．博爾吉亞（Cesare Borgia，1475～1507）。他是西班牙教宗亞歷山大六世和名妓的私生子，一心只想和世俗慾念極強的父親聯手統一義大利。

為了完成此一野心，西撒先設法合併拿波里王國和米蘭公國，同時也勾結為此想和前王查理八世的遺孀安娜結婚、希望獲得教宗承認他和貞德王妃離婚的法蘭西斯國王路易十二。一四九九年十一月，西撒率領義大利的傭兵部隊及路易十二的援軍，攻

西撒．博爾吉亞（Cesare Borgia，1475～1507）

教宗亞歷山大六世的私生子，一心只想和父親聯手統一義大利。為此用盡所有手段進行謀殺、暗殺、強奪、背叛，因此世人稱他為「邪惡的化身」。最後他和父親因誤飲毒酒而雙雙死亡。馬基維利對他特別禮讚，認為他是理想專制君主的典型。

進了羅馬尼亞地方。當時的羅馬尼亞地方正好位於義大利中部教宗領地內，但卻被當地的代官諸侯強行霸占了。

馬基維利在《君王論》中，詳述了西撒在攻打羅馬尼亞地方時的種種插曲。

一五〇一年，征服羅馬尼亞的任務眼看就要完成時，跟隨西撒的傭兵隊長們卻群起叛變。因為這些以奧爾希尼家族為首的羅馬貴族，看到西撒毫不手軟的做法，深怕自己也會遭到毒手，而開始惶恐不安。

面對突發的狀況，西撒以非常手段果斷解決。他先以各種計謀和他們重修舊好，再以甜言蜜語讓他們齊聚一堂，來個甕中捉鱉一網打盡，將他們全數絞死。

接著，再命心腹雷米羅・奧爾可為總督，派往混亂的羅馬尼亞地方進行徹底鎮壓。透過雷米羅冷酷嚴峻的統治，果然收拾了混亂的局面，但是人民對西撒怨聲四起。於是西撒立刻將雷米羅逮捕，將一切惡事推給雷米羅，並斬下雷米羅的頭顱。西撒將雷米羅的屍體及帶血的斧頭公開在廣場上，讓民眾既感謝又畏懼。

征服了羅馬尼亞地方後，西撒接著將目標指向佛羅倫斯共和國，身任佛羅倫斯大使的馬基維利和西撒有實質上的接觸，就是在這個時候。

一五〇三年八月，教宗亞歷山大六世忽然暴斃，西撒本人也身染重病。不過也有人說，這對父子是誤飲了本來要毒殺反對派樞機主教的毒酒，才一命嗚呼的。不論真相如何，對西撒而言，父親的死就代表他的好運已到了盡頭。

攻陷羅馬尼亞地方

洋洋得意

下一個目標

佛羅倫斯共和國

▶開始挑剔◀

●教宗突然死亡
●本人也患重病

▶好運走到盡頭◀

教宗猶利二世
（Julius II, 1443-1513, 羅馬教宗(1503-1513)）即位

宿敵登場

▶復仇戰◀

失去羅馬尼亞地方

西撒死亡

西撒·博爾吉亞的運道及力量

西撒·博爾吉亞

●教宗亞歷山大六世的私生子
●倒行逆施的魔鬼化身

（·野心勃勃，企圖統一義大利
·以教宗父親為後盾）

目標：羅馬尼亞地方

●義大利傭兵
●法國國王的援軍

途中發生的插曲

傭兵隊長叛變

●偽裝和睦
●以甜言蜜語誘殺

派羅馬尼亞總督鎮壓

●西撒下令
●惡評四起
●轉嫁責任，將揹黑鍋者處以極刑

◇時而寬容溫和，時而倒行逆施

西撒唯一的失策，就是擁立受他欺辱的猶利二世為教宗。在樞機主教時代堪稱溫馴的猶利，即教宗之位後，立刻展現他「軍人教宗」剛毅的一面，進攻羅馬尼亞等地方，讓走投無路的西撒在一五〇七年悄辭世。

含著金湯匙、擁著好運出生的教宗之子西撒，有時寬容溫和，有時倒行逆施。雖然憑藉著善用權謀霸術的能力將一己事業推向成功，但是隨著後盾父親教宗的過世連番受挫，好運終走到盡頭。西撒·博爾吉亞起起落落的一生，將馬基維利所主張的好運及能力的關係，詮釋得淋漓盡致。

馬基維利雖為最後被幸運女神拋棄的西撒感到惋惜，但是對西撒取得新政權後所表現的「退敵結友」、「以武力和謀略除敵」、「讓民眾又愛又懼」、「讓士兵們又景仰又害怕」、「誅殺具有加害自己能力及帶來危險的人物」等等，卻給予崇高的禮讚，認為西撒值得所有借他人軍備及好運而坐擁權勢之人學習。

套句現代話來說，西撒的表現正是未受期待而坐在龍椅座上的「受雇社長」之輩的處事明訓。

3 善用大逆不道會被諒解

● 以大逆不道手段登上君王王座的人，會被諒解。
● 多數人在昇平時代或是戰亂時代，都無法長期把持政權。
● 但其中也有背信忘義，用殘暴手段統治國家，寫下赫赫功績之人。
● 能否如此，但看此人是善用或惡用殘暴。

◈以全民福祉為依歸

善用及惡用殘暴到底是什麼意思呢？

馬基維利曾用一個極為淺顯的例子說明。例如有人奪占了一個國家後，希望能夠讓政權穩定下來。因為政權穩定之後，才能為老百姓謀福祉。在著眼於全民福祉的考量下，所採取的任何殘暴不仁道的手段是被允許、被諒解的。

以大逆無道手段成為君王之人

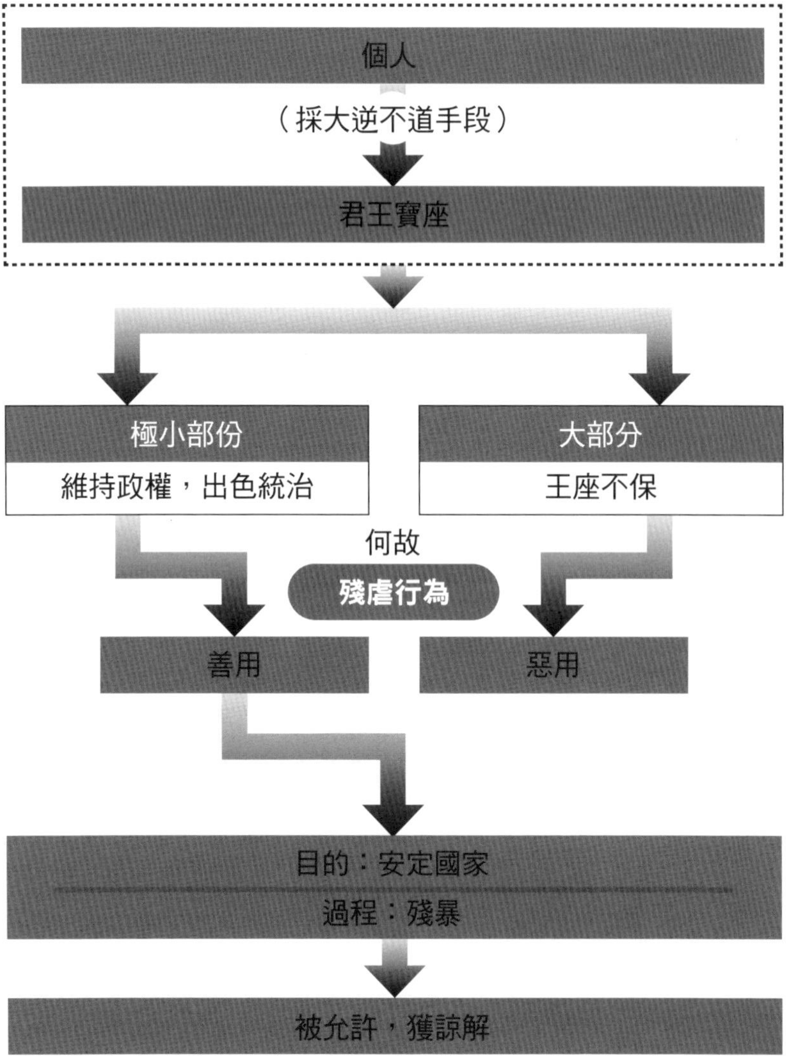

◆弒君、殺將、焚燒大佛的松永久秀

要舉日本歷史人物做例子，首推下剋上三人眾的首號人物大和信貴山城主——松永彈正久秀（1510～1577，室町幕府的武將，彈正是職稱）。松永久秀原是在戰國時代中期統治五畿內（畿內五國。也就是山城、大和、河內、和泉、攝津等五國）及四國等九個國家，操控足利將軍如傀儡的三好長慶（1522～1564，戰國時代武將）的祐筆（武家職稱，司掌文書、記錄）。

文韜武略樣樣都通的松永久秀，事實上狂妄、不顧仁義地追求欲望，有如同山賊、武夫的凶殘本性。在戰雲密布之時，他竟然可以一面玩女人，保持體位將頭探出帳幔之外，一面指示家臣指揮作戰。不久後，他即實現了取主君長慶而代之的野心。

永祿六年，松永久秀首先毒殺了長慶的長子三好義興，並將其美麗的妻子（足利義輝的妹妹）占為己有。接著對長慶進讒言，謀殺了三好一門最為信賴的小弟安宅冬康。永祿七年六月，再毒殺因種種不幸而成為廢人的主君三好長慶。接下來的目標即為第十三代將軍足利義輝（1536～1565，室町幕府第十三代將軍）。

這位個性偏激、霸氣凜凜的年輕將軍，平日就不喜歡三好一門及宛若傀儡的松永，正計劃將一干人等除去的時候，久秀先發制人，誘得三好三人眾闖入室町將軍府，將將軍義輝及其一門一黨全都殺害手段殘暴前所未聞。有人說久秀此舉的目的，全是因為一己之好色，想趁機奪得垂涎已久的義輝正室。

永祿十年，和與之對立的三好三人眾兵戎相見、進退不得時，夜襲三好三人眾所布陣的奈良東大寺，連同大佛殿將整個東大寺全部燒毀。總而言之，松永久秀的行徑完全異乎常軌，連馬基維利所禮讚的西撒・博爾吉亞都相形遜色，其惡行當然更是令人髮指。織田信長奉足利義昭之命到京都後，終於讓在畿內形同統治者的松永久秀受到了重挫。

超現實主義者的久秀知道，自己不敵勢如破竹的信長，立即不顧羞恥及顏面地向信長豎起白旗。看在信長眼裡，犯下毒殺主君三好父子、殺害足利義昭的親哥哥義輝將軍、火燒東大寺大佛殿三項重罪的久秀也非罪不可逭之人。信長之所以會認為，是基於現實的考量，因為當時皇室、朝臣、室町幕府以及三好門下的殘黨等，個個都是難纏的傢伙，要統治狀況不明的京都、畿內地方，必須利用深知當時狀況的久秀。

因此，信長雖知久秀是個狡猾陰險、壞事做盡的人，卻決定以毒制毒中用他為政務顧問，仔細想想，敢將老狐狸松永久秀玩弄於股掌之間的信長，還真的像極了馬基維利的信奉者，但是，超現實主義者和超合理主義者之間的合作關係，是無法長久維繫的。

天正四年，負責攻打石山本願寺的久秀和以柴田勝家（1522～1583，武將）為將軍的織田軍，在加賀「手取川戰」中，敗給了上杉謙信（1530～1578，戰國時代的武將），突然引兵回到了自己的故鄉大和信貴山城舉旗叛變。但是最後，他等到的不是上杉謙信和毛利氏退軍往京都，而是城池被攻陷。

明白大勢已去的久秀，將信長最喜愛的天下名壁錢茶釜（外型像黑蜘蛛的燒水茶鍋）繫在脖子上，再裝進火藥說：「我的首級和這只壁錢茶釜，我絕不會交給信長！」然後引燃炸藥，將自己及茶釜炸得粉碎。

這就是曾經稱霸五畿、以操控足利將軍為傲的松永久秀最後的下場。

◈靠能力，獲眾人仰慕

松永久秀一生做惡多端，被稱為邪惡的化身。但是撇開處世所不容的業障之外，他的確是靠著出類拔萃的能力獲得家臣信賴、畏懼，得到領地人民景仰的君主。他投降於信長，信長再把大和一國託付與他，並原諒他再三謀反重用他，就是最好的證明。

狂妄囂張、行惡無數的松永久秀，其實也有優雅的一面，他酷愛茶道，和茶道的一代宗師千宗易（利休）更是交情匪淺。事實上，宗易在久秀死後，即迎娶久秀的愛妾為續弦，領養久秀女兒吟為養女。民間流傳，宗易後來激怒了承繼信長之位的豐臣秀吉，被迫自刃身亡。據說秀吉之所以大怒，是因為他看上了吟娘，卻被宗易所拒之故。

另外，大文豪今東光（1898～1977，小說家）也以此事為題，寫了一部知名的小說。閒話一則，松永久秀的一生和馬基維利心目中典型的專制君主典型——西撒．博爾吉亞如出一轍，像極了孿生兄弟，如果馬基維利知道有松永久秀這麼一號人物，或許會讓他在《君王論》中登場吧。

千宗易（1522～1591）

名利休，法名宗易。出身泉州富商之家。向武野紹鷗學習茶道，後自創侘茶，成為千家流茶道的始祖。現在各茶道名流，都受其影響相當大。他隨侍豐臣秀吉後，不僅對秀吉講茶道，還充任秀吉的政治顧問。後來，不論政治觀點或者是對茶道的偏好都和秀吉有異，誤觸秀吉的禁忌，而在天正十九年（一五九一）自刃身亡。

戰國時代倒行逆施之最的松永久秀

松永久秀

●下剋上三人眾的首號人物　●原為三好長慶的祐筆

➡（大逆不道）➡ ●成為大和一國之主　●畿內最高權貴者

松永久秀的雙重個性

▶為了欲望，不擇手段◀

▶松永久秀三項惡行◀

●毒殺主君三好父子　●殺害將軍足利義輝

●火燒大佛殿

VS

▶成為家臣、領地人民所依賴的君王◀

▶松永久秀的魅力◀

●懂軍政、韜略　●富知性、有學養

●關愛家臣、領地之民　●具優秀的統治能力

⬇

讓相關之人生畏

⬇

安定統治

4 沒有民眾的支持，難以維持政權

- 靠著民眾的支持登上君王寶座的個人。
- 有些人是靠一般民眾的支持，有的則是靠貴族（權貴）的支持。
- 不管情形如何，都會有一方企圖擁立某位有力人士，藉以壓倒對手。
- 得到貴族的支持而非民眾的支持時，要統治國家比較困難。
- 這是因為君王身邊所圍繞的，都是與君王對等的貴族。

支持勢力決定國家的權力結構

馬基維利認為，在國民支持下建立的新國家，其構成要素為君王、貴族（有勢力的權貴）及民眾。而君王則是藉著另外二者的任一勢力，決定國家的權力結構。當然也有人是赤手空拳，超越了馬基維利論，同時在權貴及民眾的簇擁下，登上最高權位者的寶座。

德國希特勒就是箇中翹楚。因第一次世界大戰，在精神上、政治上皆被混亂的德國人民選擇由希特勒所率領的納粹黨為全國第一大黨，並由當時的興登堡（Paul von Hindenburg，1847～1934）元帥任命希特勒為首相。當時是一九三三年一月三十日，希特勒才四十五歲。

◇民眾也認同的希特勒

希特勒之所以能獲得政權，是因為他結合了深恐共產黨抬頭的容克（Junker，普魯士地方的大地主）和希望再整軍備的國防軍，又肩負生活困頓的全國國民寄望。

企圖一黨獨裁的納粹黨，首先捏造了「國會議事堂縱火事件」，讓當前的強敵共產黨無法合法化。接著在三月的議會中，通過將立法權全權委任政府的「去除國家及國民苦難法律」（通稱「授權法」或「全權附與法」），解散之前曾協助納粹黨的其他政黨，確立一黨獨大的政權。六月，將炮口轉向黨內的希特勒，組織形同暴力組織突擊隊（SA）的國防部，並整肅擔任國防部長的盟友安魯斯特．雷姆、納粹黨中僅次於希特勒的二號勁敵葛雷克爾．舒特拉撒等人，鞏固自己的地位。

同年的八月，興登堡總統辭世，希特勒繼任其位，稱自己為Fuhrer（德文，指導者之意），名副其實地掌握獨裁權。

希特勒（Adolf Hitler，1889～1945）

德國總統。生於奧地利，在第一次世界大戰中任陸軍伍長之職，勇敢善戰。戰後，以再興日耳曼民族為理想創立納粹黨。身負重望奪取政權，建設第三帝國，引起了第二次世界大戰，為全世界帶來空前浩劫。一九四五年四月，在柏林被攻陷之前，和新婚妻子艾薇一起自殺。

君王和支持者的關係

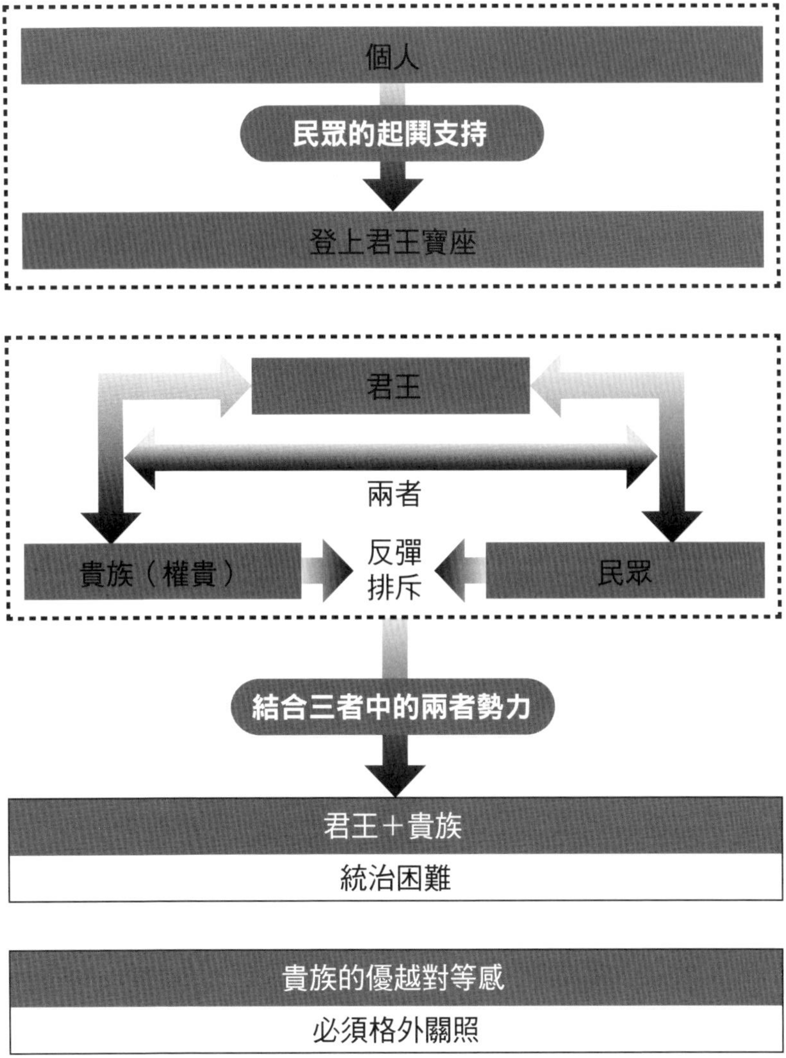
個人
民眾的起鬨支持
登上君王寶座
君王
兩者
貴族（權貴）
反彈
排斥
民眾
結合三者中的兩者勢力
君王＋貴族
統治困難
貴族的優越對等感
必須格外關照

此後，德國人的思想、言論、學問，甚至藝術等都受到統轄。換句話說，希特勒、納粹黨、秘密警察（gestapo，蓋世太保）即代表超強權的法律，至此德國成了一個恐怖的無法律國家。

完全掌握政權的希特勒，第一個目標就是打破凡爾賽體制（Versailles）。一九三三年，德國退出國際聯盟，奪回在法國管理下的薩爾（Saar），宣布重整軍備。一九三六年，希特勒無視〈羅加諾條約〉（Locarno），進入萊茵地非武裝地帶。

如此一來，德國等於不遵守〈凡爾賽條約〉對德國所做的限制，終於掙脫了多年來的桎梏。

◇國防軍成了希特勒的走狗

一九三七年，兼任政府、國防軍首腦的希特勒，明確指示接下來的國家目標——德國不能滿足於成功收復失土，必須集合國土外的德國人，建設大德意志帝國。並且以俄國為目標征服斯拉夫諸國、擴大德國人的生存空間等。易言之，等於發動侵略戰爭。

對此，陸軍大臣兼國防軍最高司令官的布朗柏格、陸軍總司令普利契元帥都表達了強烈的反對立場，結果被希特勒以捏造不實罪名慘遭罷免。希特勒更趁此機會整肅國防軍，自己擔任最高司令官一職。從此，擔任希特勒保護者的國防軍，一轉眼成了希特勒的走狗。

根據馬基維利的理論，個人要登上君王王座，不是靠有力的權貴之士支持、就是結合民眾的人量。但是希特勒解散協助其成事的政黨、鎮壓支持他的民眾，又將最大的支援者——國防軍——控制於自己的股掌之中，掌握了所有的權力。因此，希特勒此後無往不利，一氣呵成。

一九三八年，他威脅奧地利的首相修修尼克，併吞了奧地利（Anschluss）。九月，根據「慕尼黑會談」（Munich pact），合併捷克斯洛伐克（Czechoslovakia）的蘇台德地方（Sudeten）。次年三月，將捷克斯洛伐克解體並將之併吞，接著再併吞波羅的海沿岸小國立陶宛（Lithuania）有德國人居住的梅梅爾地方，完成了大德意志帝國的統一，也完成了第三帝國的理想。

讓德國國民沈淪於不幸

眾所周知，達成了第一和第二大目標的希特勒，為了更進一步完成他的終極目標——將斯拉夫人貶為奴隸，擴大日耳曼人的生存空間——和蘇聯的首相共謀進行「分割波蘭」，引爆第二次世界大戰，讓全世界都捲入了空前未有的浩劫中。

如前所述，馬基維利認為，如果最終目的是為「政治的安定及人民的福祉」，那麼在其進行過程中所做的大逆不道之事是被允許、可以諒解的。但是希特勒唯我獨尊、制壓一切，因而引起史上最大慘禍的行為，則是超過馬基維利理論，不被許可的。

第三帝國

由希特勒所建之德國的正式名稱。意思是指繼神聖羅馬帝國、凱撒（Kaiser，1871～1918）後，德國的第三個羅馬帝國。希特勒以繁榮自己國家為目的進而統轄、奪占周邊諸國（尤其是斯拉夫人），引起了第二次世界大戰。在國聯反擊之前，遭到消滅而瓦解。

確立權力

▶解散協助政黨◀

▶肅清內部◀

殺害盟友雷姆等人

▶和資本家勾結◀

制定準戰時經濟體制

▶降伏國防軍◀

發生納粹・國防軍事件

▶鎮壓民眾◀

●納粹黨即法律　●從思想到學問、藝術等全部控制

邁向第三帝國

掀起第二次世界大戰，希特勒確立權力

希特勒確立權力

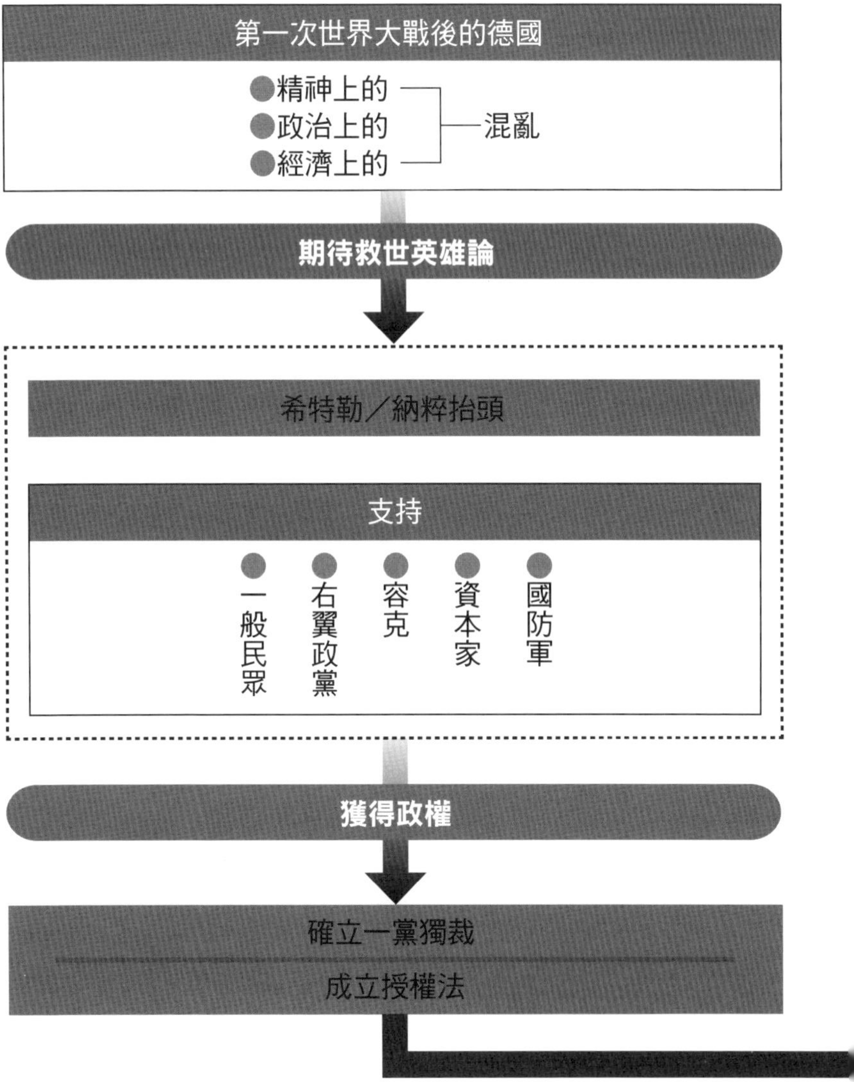
第一次世界大戰後的德國
●精神上的
●政治上的
●經濟上的
混亂
期待救世英雄論
希特勒／納粹抬頭
支持
●一般民眾
●右翼政黨
●容克
●資本家
●國防軍
獲得政權
確立一黨獨裁
成立授權法

希特勒將德國定位在「千年帝國」之上，但是隨著一九四五年五月蘇聯大軍攻陷柏林，這個帝國轟然垮台了。她的歷史只有短短的十二年又三個月。

5 戰力來自牢固城堡和民眾的信賴

- 君主國靠兩種方法保國，一是靠自己的力量，二是借他國的庇護。
- 如為後者，不需離城和敵人打野戰，但必須窩在城堡裡迎敵。
- 擁有堅固的城堡及民眾信賴的君主，不會受到攻擊。
- 即使受到攻擊，侵略者也將落得徒勞無功、逃之夭夭。

馬基維利認為，一個沒有能力離城和敵人打仗的君主，只要擁有堅固的城堡及民眾的信賴，即可不受敵人的攻擊。

在此，就舉一個擁有史上最堅固的城堡、卻因為君主和民心乖離，最後落得丟城亡國的例子。

◎擊破君士坦丁堡的鄂圖曼土耳其軍隊

曾在東方世界稱霸的東羅馬帝國，又稱拜占庭帝國（byzantine empire）或希臘帝國（Grecia empire），在十五世紀時，擁有首都君士坦丁堡（constantinople）及小亞細亞及巴爾幹半島上的若干領地。但是不久後由盛轉弱。

東羅馬帝國皇帝是正統的羅馬皇帝，更是天主教正統的希臘正教的首長。而東羅馬的國土不但位於連結歐洲和亞洲的要衝，同時也是以地中海為中心的東西貿易樞紐，其經濟價值越顯重要。

盯上了君士坦丁堡的，是懷有征服世界野心的鄂圖曼土耳其（Ottoman Turkey）的年輕蘇丹（回教王、鄂圖曼皇帝）的穆罕默德二世（Mohammed II，1403?～81）。早在一四五三年，穆罕默德就以十萬的軍隊及四百五十艘的艦隊，組成了攻略軍。相較之下，東羅馬就顯得相當悲情，因為他們得不到漠視十字軍的西歐國家的救援。當時許多的中層階級，因為避難而離開君士坦丁堡，留在首都的只有把財產藏起來貴族、以及無處可逃的平民。這些人加起來約十萬，其中兵役適齡者有二萬五千人，但是君士坦丁十一世（Constantine XI，1404～53，東羅馬帝國末代皇帝）能集合到的兵力卻不到五千人。這五千人加上趕上救援的熱那亞（Genoa）知名傭兵將軍喬邦尼·裘斯堤尼亞尼所率領的精悍部隊兩百人，防衛軍的總數量仍然不到七千人。

東羅馬帝國

又稱拜占庭帝國或希臘帝國，始於三九五年狄奧多西一世（Theodosius I，346?～395，羅馬將軍），羅馬帝國末代皇帝（379～395），俗稱狄奧多西大帝（Theodosius the Grea），立基督教為國教，將帝國分為東西授與兒子。西羅馬帝國滅亡後，東羅馬帝國依然走希臘化路線苟延殘喘。一四五三年，被鄂圖曼土耳其帝國所滅。首都設於君士坦丁堡。

君主國的防衛

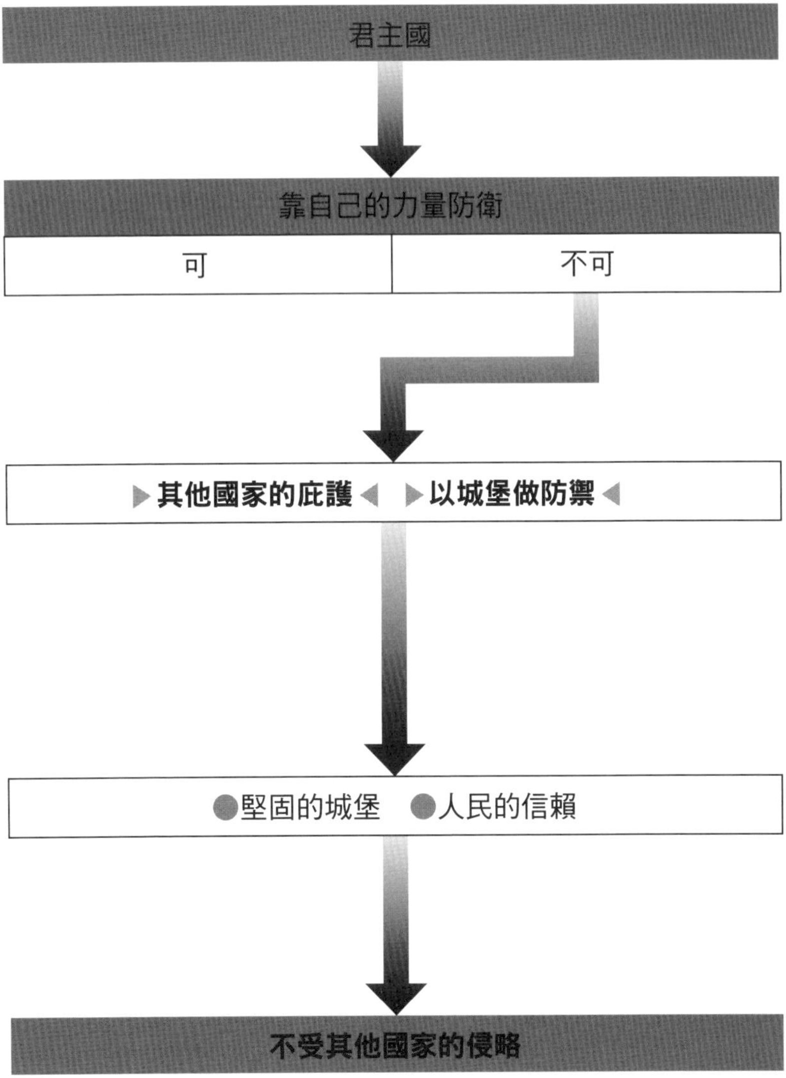
君主國
靠自己的力量防衛
可
不可
▶其他國家的庇護◀
▶以城堡做防禦◀
●堅固的城堡
●人民的信賴
不受其他國家的侵略

這就是曾輝煌一時的大羅馬帝國的最後下場。只因她欠缺了馬基維利所說的城塞防衛必要條件──民眾的信賴。

◈得不到民眾的信賴，再牢靠的城塞也不管用

四月，鄂圖曼土耳其軍傾全力攻打君士坦丁堡。但是東羅馬帝國在裘斯堤尼亞尼的指揮下頑強抵抗，戰事於是陷入膠著狀態。

五月二十六日穆罕默德發動總攻擊。原本勇敢防守的東羅馬帝國，因最高指揮官裘斯堤尼亞尼負傷離開防禦戰線，士兵士氣大傷。鄂圖曼土耳其軍隊終於突破城牆，展開猛烈的市街大戰。剛毅的皇帝君士坦丁脫下皇袍，和兵士一塊血戰。但終不敵鄂圖曼土耳其軍隊而湮沒於大軍之中。為了證實君士坦丁已戰死，穆罕默德堅持徹底搜索，終於在成千上萬的屍堆中，找到腳穿紫底繡著金線雙頭鷲家徽鞋子的皇帝。從君士坦丁大帝遷都過百餘年，以「第二羅馬」為傲的帝都君士坦丁堡至此被攻陷，東羅馬帝國慘遭滅國。

穆罕默德實現了伊斯蘭教徒攻陷君士坦丁堡的心願，將君士坦丁堡改為「伊斯坦堡」（Istanbul），並建都於此。直至現在，都還留有流浪民族風情的的鄂圖曼土耳其軍，從此踏上了建設伊斯蘭大帝國之路。後來成了基督教世界最頑強的惡敵，是眾所周知的史實。

君士坦丁堡被攻陷

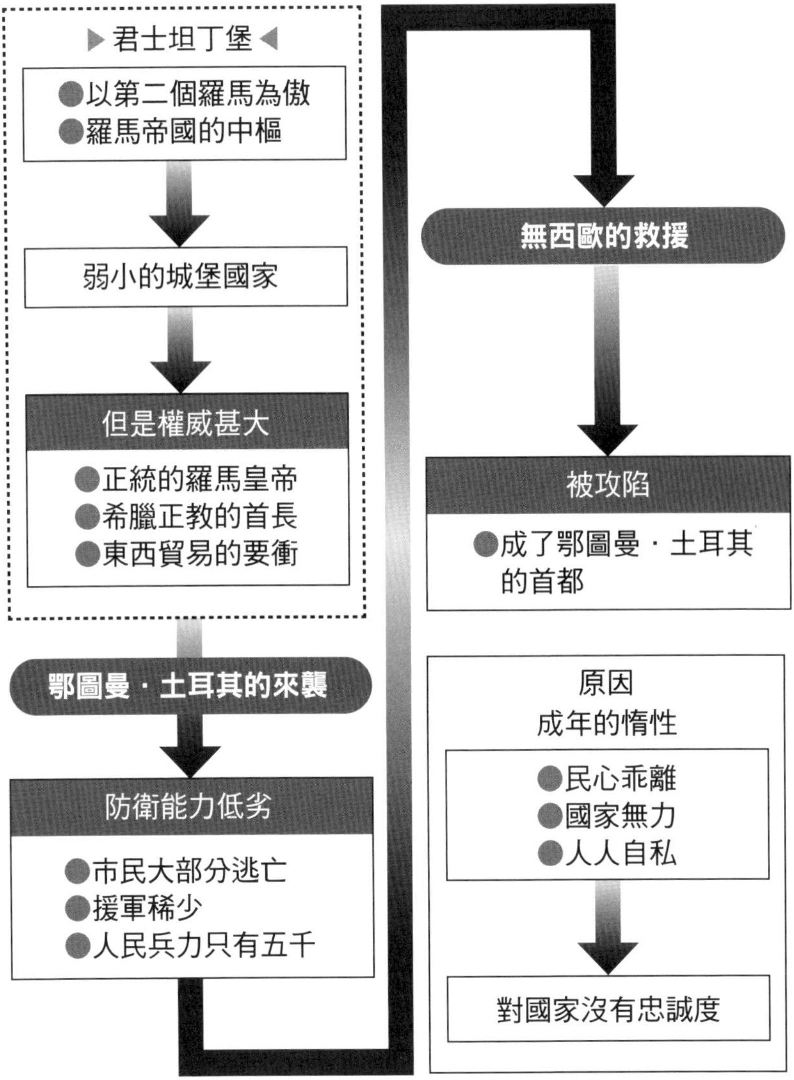
君士坦丁堡
以第二個羅馬為傲
羅馬帝國的中樞
弱小的城堡國家
但是權威甚大
正統的羅馬皇帝
希臘正教的首長
東西貿易的要衝
鄂圖曼・土耳其的來襲
防衛能力低劣
市民大部分逃亡
援軍稀少
人民兵力只有五千
無西歐的救援
被攻陷
成了鄂圖曼・土耳其的首都
原因
成年的惰性
民心乖離
國家無力
人人自私
對國家沒有忠誠度

現在我們回頭來檢視馬基維利的論點，這個例子足以驗證，一個國家雖擁有至高無上的權威和牢固的城堡，但因君王怠惰、民心乖離、國家無力，一個不小心即被他人攻陷。

若以此例比對今日的企業，就好比經營散漫的老字號企業，在外資企業的攻勢下無援兵可用，隨時可能改朝換代、企業易主。

東羅馬帝國王國後，其傳統由莫斯科大公國（grand duchy of muscovy）所承繼。莫斯科大公伊凡三世（Ivan III，1440～1505，世稱伊凡大帝）和君士坦丁的姪女蘇菲結婚，繼承希臘正教首長之位及雙頭鷺家徽，成了全斯拉夫人的皇帝（tsar，沙皇）。莫斯科也因此繼羅馬、君士坦丁堡之後，成了「第三個羅馬」享有殊榮。

君士坦丁大帝（Constantine I = Constantine the Great，280?～337）

在「米爾比奧橋」（橫跨台伯河）一戰中，打敗了麥克仙烏斯（Maxentius），收拾了混亂的羅馬帝國。從小受母親赫蕾娜的薰陶成為虔誠的基督教徒。他是第一為公開承認基督教，並將三位一體的天主教合法化的皇帝。三三〇年，遷都至東西要衝拜占庭（Byzantium），並將拜占庭改名為君士坦丁堡。

6 為什麼宗教國家能得到強大的捍衛

- 統轄已經確立的教會國家，不再需要能力及好運。
- 這類國家的宗教已經紮根，受牢固而有特色的舊制度支撐，無論發生何事都可維護下去。
- 因此君王不需要統御民眾，民眾不會想背叛、也無力背叛君王。
- 這些國家是受神所讚揚的國家，即使有人說三道四議論他人，也會被視為行徑傲慢、不畏天神。

馬基維利在這裡，留下不少巴結教宗利奧十世（Leo X，1475～1521）的文章，對起於亞歷山大六世（Alexander VI，1431?～1503），而後由大流士二世（Darius II）所確立的世俗化教宗之權，特別禮讚。希望能藉此為自己的不順覓得轉機。

關於這點，在日本歷史上以權謀霸術見長的後白河法皇（1127～1192，第七七代天皇，是鳥羽天皇的第四皇子）都不禁嘆息：「只有加茂的河水、骰子的點數及比叡山延曆寺的僧徒可以不聽擺佈。」由此可知，不論古今中外，當宗教、政治及軍武連成一氣，其力量之大猶如石破天驚。

◇連信長都為石山本願寺煩惱

在日本最猛的宗教派系，首推以石山本願寺（位於攝津、石山的淨土真宗寺，建於一四六九年）為根據地的一向一揆。連織田信長碰到伊勢長島的一向一揆，都吃驚連連。花了整整十一年的功夫，才讓石山本願寺屈服。

除了織田信長，德川家康也是其中一位受害者。永祿三年（一五六〇年）五月，今川義元在「桶狹間會戰」中戰死，德川家康趁機脫離今川家自行獨立，並一一收拾盤踞在國內的氏族、豪族，好不容易才完成了三河一國（三河為舊國名，又稱三洲）的統一。堵在家康前方的就是一向一揆。一向宗（淨土真宗）的勢力遍及整個三河國，連同在其管理之下的國內各小寺在內，一向宗就形同一個由網路結合享有治外法權的世界，連國王德川氏的權威（當時的國主還是松平氏），他們都不看在眼裡。

永祿六年九月，佐崎城主菅沼定顯徵收位於岡崎附近的上宮寺所收的米為兵糧米，引發了事端。結果此星星之火竟然造成大內亂。之所以會如此，即如馬基維利所說，對這些信眾而言，佛的地位在家康之上，他們絕不允許凡夫俗子對佛有敵對的行為。

更糟糕的是，家康大部份的家臣也都是信徒。當時，家康有半數以上的家臣都是

一向一揆

室町末期至戰國時代，各地一揆宗教派系的門徒，聽從一向宗（淨土真宗）總本山本願寺的指示，反抗封建領主。在加賀地方，一揆殺害了守護富樫氏。連織田信長也受到越前、伊勢長島地區一向一揆的阻撓。最後和石山本願寺展開苦戰，歷時數年才將其降伏。

教會國家的統治

教會國家

一旦政權確立之後

進行統治

運道　力量

不需要

因為宗教力量已根深蒂固，制度體系已不容動搖

君主無需統治　人民不思背叛

理由呢？

因為一切違反制度的行為都會被視為冒犯神明

一揆信眾，連後來家康視為心腹的本多正信（1538～1616）也是其中之一。據說本多正信因顧忌他曾與家康敵對，即使受到家康重用也不露臉。經過一番惡戰苦鬥，家康終於以恢復寺院做為交換條件，和一揆信眾和睦相處，但後來背信忘約，將一向宗破壞殆盡。

對於寺院的強烈抗議，家康還很無賴強辯：「我不是按照約定讓寺廟回歸原野了嗎？」

◈家康的對策

深知一向宗可怕的家康，對策就是取天下後再算帳。這一招實在是巧妙至極。

天正八年，本願寺降伏於織田信長後退到紀伊鷺森，法王顯如（1543～1592，高僧）最後決定捨棄主戰的長子教如（1558～1614，東本願寺第一任住持），以教如同父異母弟弟准如（1577～1630，西本願寺第一任住持）為繼承者。

物換星移，慶長五年（一六〇〇年）發生了「關原會戰」。離開本願寺四處流浪的教如，立刻趕到美濃向家康表示願助其一臂之力。心思叵測的家康爽快的答應了。會戰後，得到教如諸多協助的家康，順理成章將本願寺連同其管理之下的小寺均分為東西。東本願寺委於教如，希本願寺交由准如。這就是本願寺一分為東西的來龍去脈。

此次分割的最大特色，就是將位於同一地點的某一寺直接分為東西。如此一來，

家康對宗教勢力所採取的對策

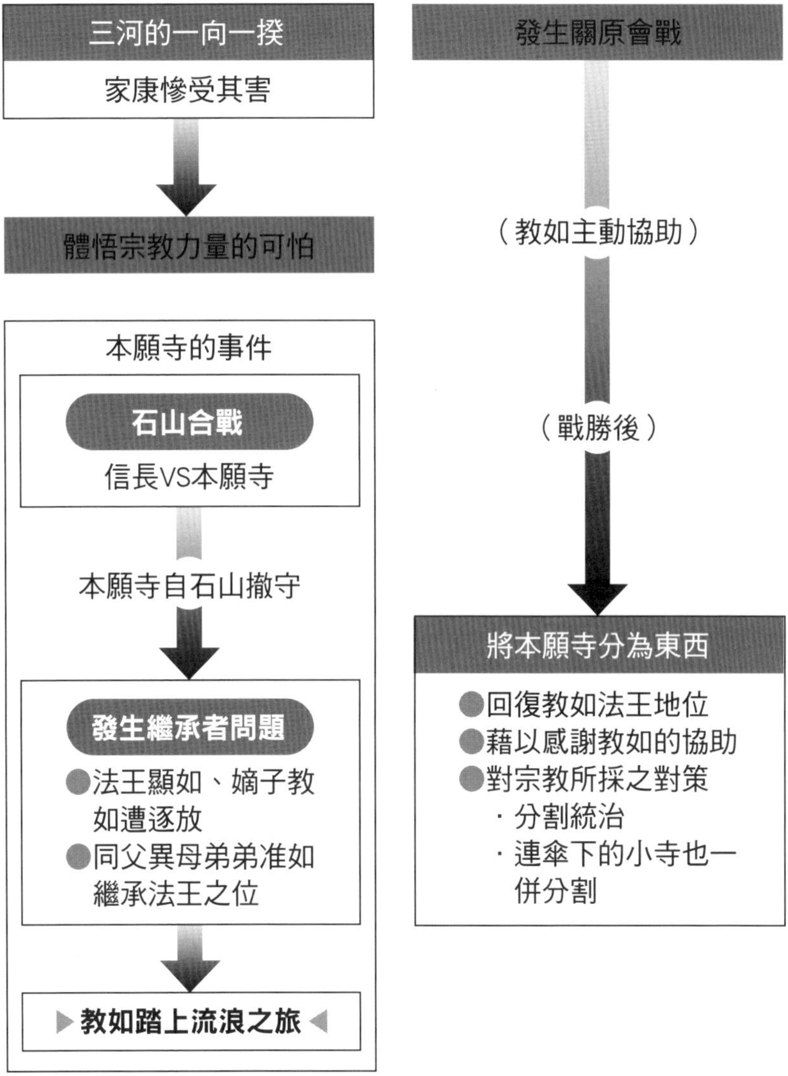
三河的一向一揆
家康慘受其害
體悟宗教力量的可怕
本願寺的事件
石山合戰
信長VS本願寺
本願寺自石山撤守
發生繼承者問題
●法王顯如、嫡子教如遭逐放
●同父異母弟弟准如繼承法王之位
▶教如踏上流浪之旅◀
發生關原會戰
（教如主動協助）
（戰勝後）
將本願寺分為東西
●回復教如法王地位
●藉以感謝教如的協助
●對宗教所採之對策
・分割統治
・連傘下的小寺也一併分割

親身嚐過一向宗難纏滋味的家康，就藉此讓東西本願寺相互鉗制，減弱其對抗的勢力。家康這一招分割統治法，可謂巧妙至極。

即如馬基維利所說，這就是一種鎮壓無人為其後盾之宗教國家的力量。

第 4 章

自我防衛的基本條件

——擁有足以維持政權的軍備——

1 傭兵不但無用而且危險

● 對君王而言，必備的根基就是完善的法律及優良的軍備。
● 君王用以防衛自己政權的軍備有四種，分別是自己的軍隊、傭兵部隊、外來援軍以及集合以上三種而成軍的混合軍。
● 傭兵軍團及外來援軍不但無用而且危險。
● 將政權建構在傭兵之上的君王，不但無法鞏固政權，連身家性命也不安全。

◆不守紀律、缺乏忠誠的傭兵部隊

馬基維利認為，君王要鞏固王位必須擁有優良的軍備。接著他將軍備區分為四種，分別是自己的軍隊、傭兵部隊、外來援軍及混合軍。而依賴傭兵最為危險。因為傭兵部隊的軍備不統一，個個都不守紀律、不具忠誠度。這些人在營內是勇者，面對

軍隊種類別

傭兵危險

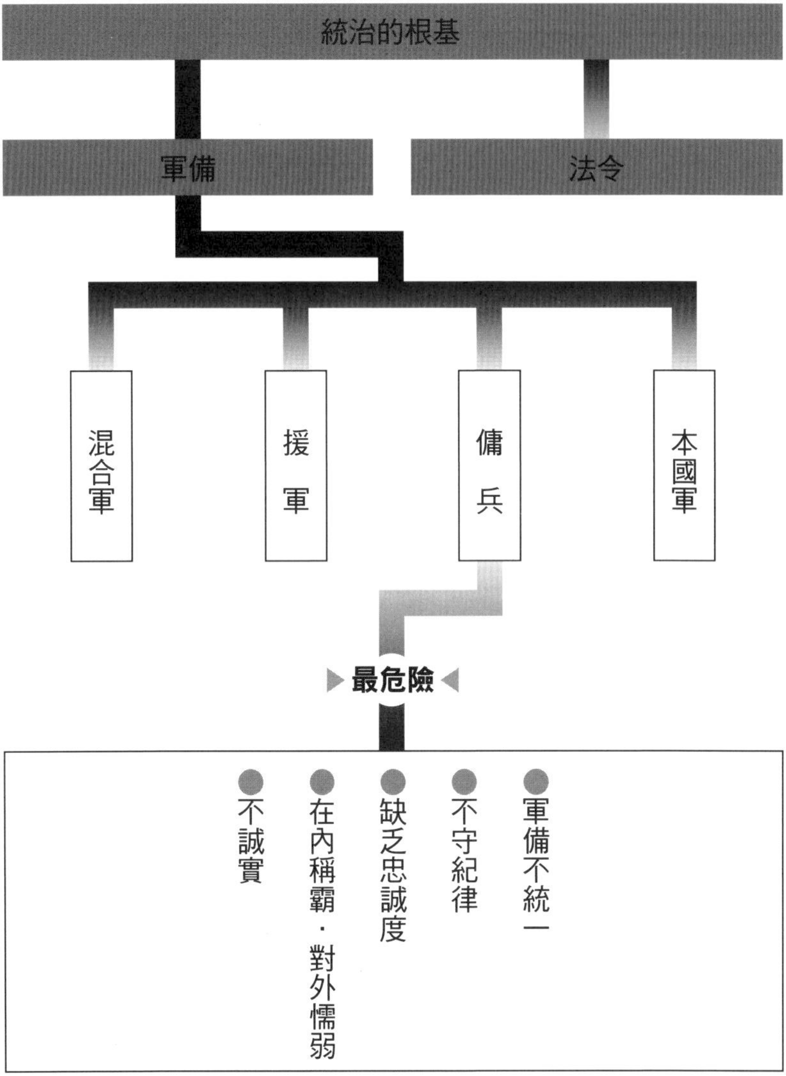
統治的根基
軍備
法令
混合軍
援軍
傭兵
本國軍
最危險
軍備不統一
不守紀律
缺乏忠誠度
在內稱霸・對外懦弱
不誠實

敵人變懦夫，而且不敬天神、不誠實。

馬基維利之所以會有如此極端的看法，是因為從多起發生於當時義大利的紛爭，他看透了各君王所雇請的傭兵部隊長們各懷鬼胎、勾心鬥角，甚至和敵人私通扳倒自己的雇主、喧賓奪主的種種醜行。

因拒付酬金而引發的迦太基傭兵戰爭

馬基維利以歷史上規模最大的迦太基傭兵戰爭做為例子，以為引證。

為爭奪地中海的統治權，迦太基和新興國家羅馬間發生了「第一次布匿戰爭」。結果迦太基慘敗，跌破眾人的眼鏡。最後由西西里島的年輕將軍漢米爾卡爾・巴爾卡斯（Hamilcar Bakas）整頓遠征軍後返回國門。此時卻發生了一個大問題，迦太基的軍隊，除了將軍、高階將領外，是一支由努米底亞（Numidia）、利比亞（Libya）、伊比利（Iberia）原住民及希臘人、羅馬逃兵所組成的典型傭兵部隊，必須發給他們薪水。

但是對金錢給付自有評價的迦太基政府，對這些為迦太基而戰的傭兵，卻有不同的看法。他們斷言這些傭兵是「浪費戰費的元凶」、「拿了錢又奪不回西西里島，還能期望什麼！」、「迦太基之所以戰敗就是因為傭兵罷工，所以傭兵是戰敗的罪魁禍首」，因此他們對這些傭兵的厭惡甚至超過敵人羅馬軍。誠如馬基維利所說的，傭兵

迦太基（Carthage）

腓尼基人所建的殖民都市型國家，位於北非突尼西亞附近。由於迦太基人擅於經商又有精湛的航海技術，因此被譽為「地中海的女王」。為了爭奪地中海霸權，迦太基和羅馬帝國爆發了三次的布匿戰爭（Punici war）。但是迦太基並未因此而滅亡。「英雄艾亞尼斯和公主泰德的悲歌戀曲」物語，為最著名的傳説之一。

走上戰場的唯一目的，就是為了錢。所以當傭兵們獲知迦太基政府拒付薪水時，怒氣一發不可收拾。

除了薪水問題，這些對雇主毫無情義及忠誠度的傭兵們，更在史班迪烏斯的蠱惑下，以率領大半步兵的利比亞酋長馬亞托斯、騎兵部隊長努米底亞國王納烏爾・哈布斯為首組成傭兵部隊，擊破原本鎮壓他們的迦太基國軍，並迫近迦太基市。

甚為震驚的迦太基政府態度急轉彎，命令已被逐放的漢米爾卡爾・巴爾卡斯為國軍最高指揮官，聲討叛軍。在長達六年的西西里島戰役中，曾和傭兵們同甘共苦的漢米爾卡爾不願意討伐對他一直深信不疑的昔日部隊。

一開始漢米爾卡爾嚴厲拒絕。但是當他親眼看到叛軍在談判薪水給付時，斬斷被捕的財務官基斯格等七百多位迦太基俘虜的手腳，並將他們活生生丟進墓穴中的殘虐行徑後，挺身而出。首戰，漢米爾卡爾的對手是向來尊敬他的努米底亞國王——納烏爾・哈布斯。納烏爾不願和漢米爾卡爾決戰，突然率領部隊回國。於是迦太基本國軍不戰而勝。

但是漢米爾卡爾並未將叛軍一舉殲滅。因為對他一直抱持反感的元老院，對他要求支援的請託，始終充耳不聞。名將漢米爾卡爾力有未逮，苦戰三年後，不得不轉而死守迦太基城。然後漫漫戰火無盡期，漢米爾卡爾撐到食糧將盡、飲水缺乏、瘟疫蔓延，眼看迦太基城就要被攻陷時，努米底亞國王納烏爾突然和漢米爾卡爾相互呼應，自叛軍的後背進行突襲，叛軍被殺得措手不及，耗時多年的傭兵戰爭就此落幕。而這

▶ **爆發傭兵戰爭** ◀

（政府軍每戰必敗）

命漢米爾卡爾・巴爾卡斯為討伐軍司令官

爆發史上最殘虐的戰爭

●阿普列尤斯的名言　●交惡

（努米底亞國王的即時救援）

（戰爭終於落幕）

嚴重的後遺症

●國力疲憊，元氣大傷
●失去科西嘉島、薩丁尼亞

傭兵戰爭

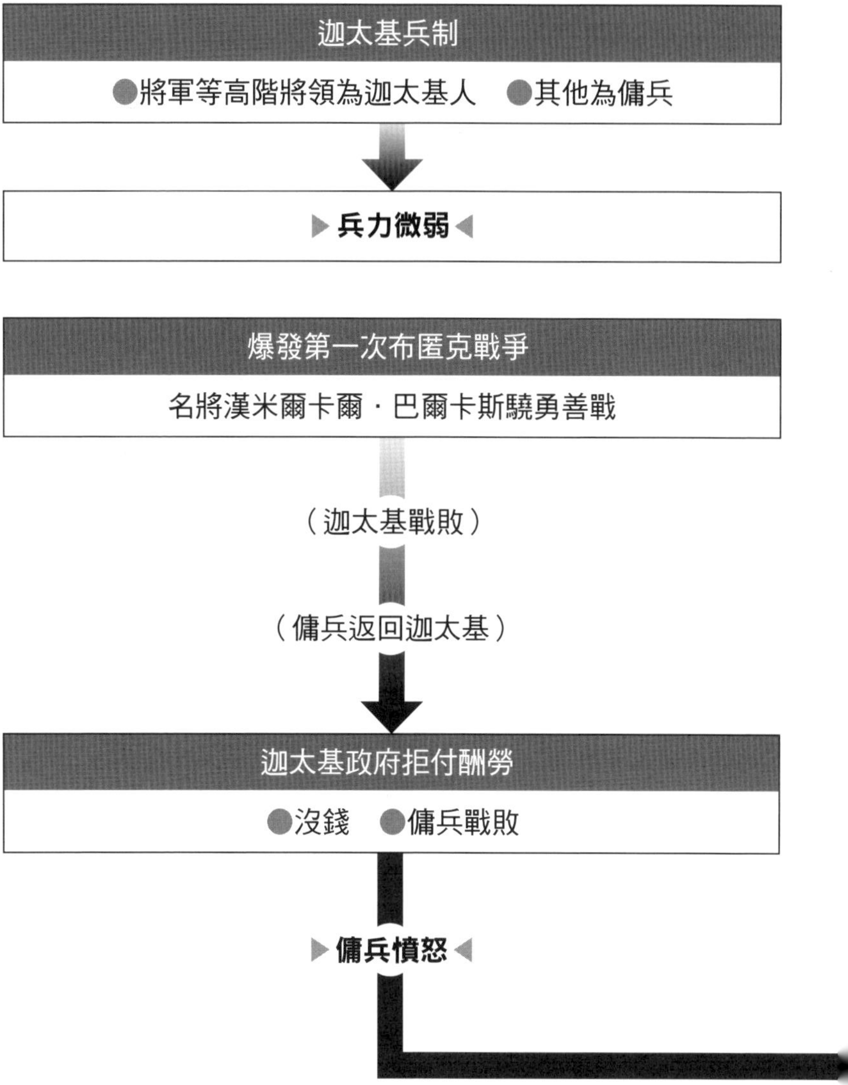
迦太基兵制
●將軍等高階將領為迦太基人　●其他為傭兵
兵力微弱
爆發第一次布匿克戰爭
名將漢米爾卡爾・巴爾卡斯驍勇善戰
（迦太基戰敗）
（傭兵返回迦太基）
迦太基政府拒付酬勞
●沒錢　●傭兵戰敗
傭兵憤怒

場戰爭之所以會如此殘虐無情，都歸咎於雇主和傭兵之間的交惡，才會落得兵戎相見。

對雇主張牙舞爪的傭兵

羅馬的歷史學家阿普列尤斯（Lucius Apuleius，羅馬哲學家）曾以譴責的口吻說：「像過去這般慘烈的戰爭已經不存在了。」就像馬基維利說的，不論這場傭兵戰爭的起因為何，它證明公然對雇主張牙舞爪的傭兵，其危險性昭然若揭。

戰後，漢米爾卡爾為了感謝納烏爾化解迦太基的危機，將擔任神殿巫女的長女莎蘭波（漢尼拔的姊姊）嫁給納烏爾為妃。

這場傭兵戰爭讓原本強大的迦太基元氣大傷。前一場戰爭的勝利者羅馬，便趁亂奪取原迦太基的領地薩丁尼亞（Sardinia）和科西嘉（Corsica）。迦太基敢怒不敢言，只得忍氣吞聲。

漢米爾卡爾不恥迦太基政府的窩囊，憤而於西元前二三五年率領族人到伊比利半島，並以此為根據地，伺機向阿展開復仇。漢米爾卡爾在主神太陽神安蒙（Baal Ammon）神殿，當著漢尼拔等三個兒子面前宣誓，要徹底對羅馬進行復仇。後來透過長子漢尼拔引爆了和羅馬之間的第二次布匿戰爭。

2 請求外籍援軍招災惹禍

- 外國援軍也是另一種無意義的兵力。
- 外國援軍是指，向其他國家的君王及其軍隊，請求前來援助或者是捍衛國土。
- 請求外國援軍雖能奏效，但是請求者也一定會因此招來橫禍。
- 外國援軍如果戰敗，請求者勢必也遭滅亡；如果獲勝，則成外國援軍的俘虜。

◈即使獲勝也成援軍的俘虜

馬基維利認為，君王為解決紛爭而向其他國家請求派兵支援，是最危險的行為，應戒慎之。因為，若援軍戰敗，該君王勢必因立場一致而共嚐苦果。即使援軍戰勝，也得面臨援軍的鳩佔鵲巢、自己淪為俘虜的可能。易言之，就是君主把自己國家的命運交到其他君王手上。

援軍也很危險

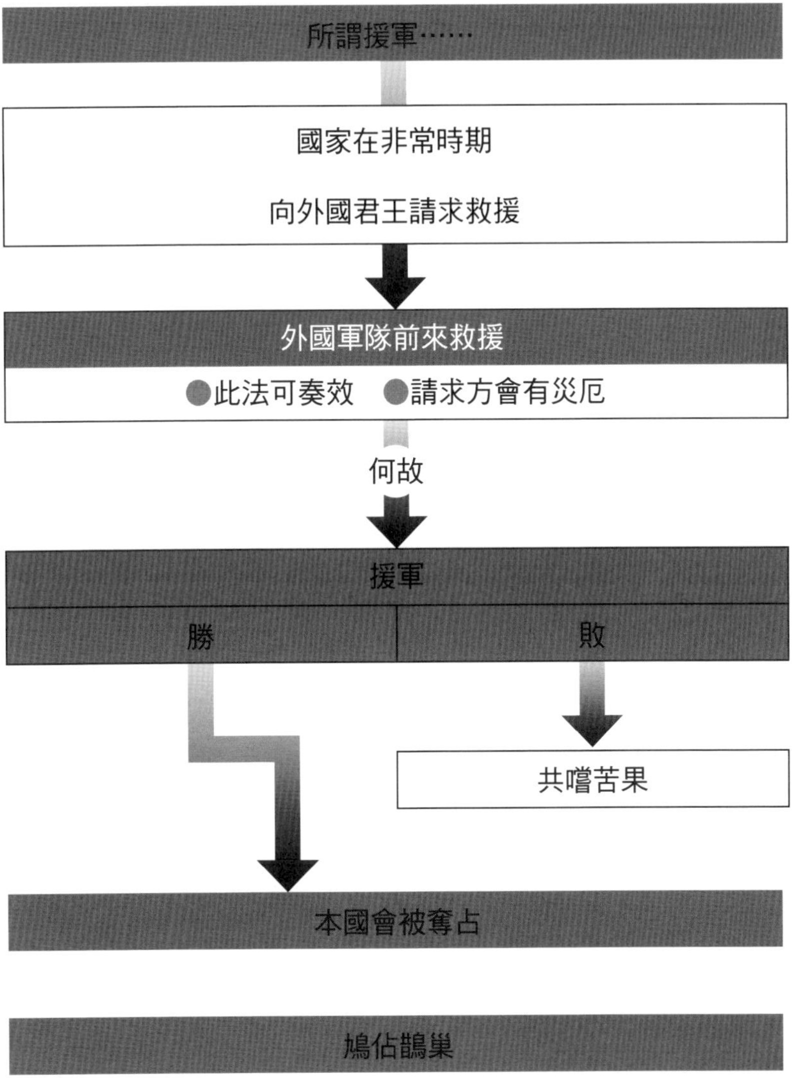
所謂援軍……
國家在非常時期
向外國君王請求救援
外國軍隊前來救援
●此法可奏效
●請求方會有災厄
何故
援軍
勝
敗
共嚐苦果
本國會被奪占
鳩佔鵲巢

中國的宋朝（北宋960～1127，南宋1127～1279）就是最好的例子。一一一七年，宋朝皇帝徽宗在位，分布在滿州（現中國的東北部）的女真族（滿州族）英雄完顏阿骨打，統一了女真族各部落。建立了金國，即公然反叛宗主國大遼，所到之處都大敗遼軍，迅速統一了大遼以東的地方。

宋朝從九六〇年宋太祖趙匡胤建國以來，一直以文治天下而刻意怠忽軍備，中日被契丹族（屬蒙古族的一支）在長城外所建的大遼帝國所欺辱。一〇〇四年，宋為收復遼在長城內所統轄的燕雲十六州，與遼大動干戈，結果宋戰敗和遼訂下「澶淵之盟」。其中規定，宋每年向遼輸納銀兩十萬錢及絹二十萬匹。宋朝處於下風。

宋朝滅亡的悲劇

視金的閃電攻擊為奇寶的宋徽宗，於一一二〇年派使者前往金，並訂下宋金共同挾擊遼的盟約。兩國各打各的如意算盤，金趁機奪占遼的國土，而宋則收復燕雲十六州。宋走的這一步棋，就是馬基維利說的，不靠本國的軍隊卻依賴金的強大援軍。

金果然依照盟約，展開挾擊遼的行動。可是宋朝卻因為南部發生「方臘之亂」（宋徽宗宣和二年，睦州居民方臘，嘯聚山民起義，禍延六州五十二縣，戕害百姓二百多萬人），而未遵守諾言揮軍鎮壓遼軍，金只好獨自對抗大遼。本來兩國認為無力分別對抗大遼，才訂定共同作戰計劃。對金而言，宋朝形同過河拆橋。然而金軍擅戰，沒

燕雲十六州

西元九三六年（五代十國），後晉高祖石敬塘脫離唐獨立時，曾向契丹求救。後即獻上燕雲十六州做為酬禮。燕雲十六州位於長城內，是以燕京（現北京）為中心、一塊極為廣大的樞紐之地，後改稱直隸地方。對漢人而言，形同被異族侵略的象徵，所以漢人以收復這塊失土為職志。

多久就消滅了大遼。

宋見此景，竟然還厚顏無恥請金越過長城，為他們收復燕雲十六州，並將燕雲十六州交還給他們。宋先違反兩國協定，後又袒護反金勢力，甚至還向遼的殘存勢力提出共同挾擊金的要求，背信行為真是一樁接著一樁。總之，宋朝視女真族為蠻族，而抱著無需守信的態度。

條約

年代	兩國的關係		由宋輸納與金的碎貢	兩國的疆界
	金	宋		
一一二〇	平等		銀十萬兩 絹二十萬匹	燕雲十六州的一部份（直隸平野）還給宋
一一二六	伯父	姪	同上	宋將河北三鎮讓給金
一一四一	君	臣	銀二十五萬兩 絹二十五萬匹	以淮水為兩國的國界
一一六五	叔	姪	銀二十萬兩 絹二十萬匹	同上
一二〇八	伯	姪	銀三十萬兩 絹三十萬匹	同上

宋遼同盟不堪一擊，金不但越過長城，更南下攻打宋朝。一一二五年十一月，金的大軍度過黃河，直逼宋朝首都汴京。擋不住金的攻勢的宋朝，從皇帝徽宗、欽宗到一般的皇族，被迫到城外向金軍乞降，金軍於是將他們一網成擒，並將兩位皇帝及后妃、工匠等數千人，攜文籍輿圖、寶器法物等北返，北宋亡。時值西元一一二六年四月。這就是中國歷史上赫赫有名的「二帝北行」、「靖康之變」。

這印證了馬基維利所提出的警告，即使援軍勝了，請求協助的一方仍有淪為俘虜之虞。

北宋滅亡後，在靖康之難逃過一劫的康王趙構（宋高宗）再建南宋，首都仍然選擇金軍離去後的汴京。但金對宋朝的壓迫並未因此停止，氣勢反而越來越強，強迫宋不斷簽訂倍受屈辱的條約。不久後，南宋的國土就被封死在淮水以南了。

◈怠忽軍備自取滅亡

不久後，北方的蒙古高原又誕生了一位英雄。他就是一二〇六年被蒙古族擁戴為總帥可汗，本名鐵木真的成吉思汗。征服了中亞及西亞的蒙古人，將矛頭指向一直視蒙古人為奴隸、而對蒙古人百般欺壓酷使的金人。

一二三二年，蒙古人向南宋提出共同挾擊金的要求。愚蠢的南宋再次重蹈覆轍。一二三四年正月，金人最後一位皇帝哀帝從汴京逃到祭州，在南宋及蒙古軍的包圍下，自殺身亡。於是金王國。

解決了金，少了金做為緩衝區後，蒙古當然就直接對上了南宋。蒙古不像金對南宋處處包容，一對峙即直逼到底。於是南宋被建國號為元的蒙古人逼得步步南退，成了失去國土的流浪帝國。一二七九年，小皇帝趙昺在中國南端入江被迫跳海自盡，南宋亡。

宋朝的悲劇，如同馬基維利一直強調的，是因怠忽軍備所造成的。以現在的話來說，宋朝就是「以錢買安全保障」。和強國結盟，貫徹「搭乘安保霸王車」的政策。結果，對遼時引進了金，對金時導入了元朝的蒙古援軍，最後落得引狼入室、自取滅亡的悲慘下場。

宋朝的窮途末路，印證馬基維利告誡的——援軍即使勝了，你也成了他的俘虜。

成吉思汗（1162～1227）

蒙古一族乞顏部的族長，本名鐵木真。一二〇六年，受蒙古各部族推戴為可汗，稱成吉思汗。收服了鄰近諸國後開始西征。最晚曾穿越西亞到南俄羅斯。其孫忽必烈（1215～1294）創建元帝國。

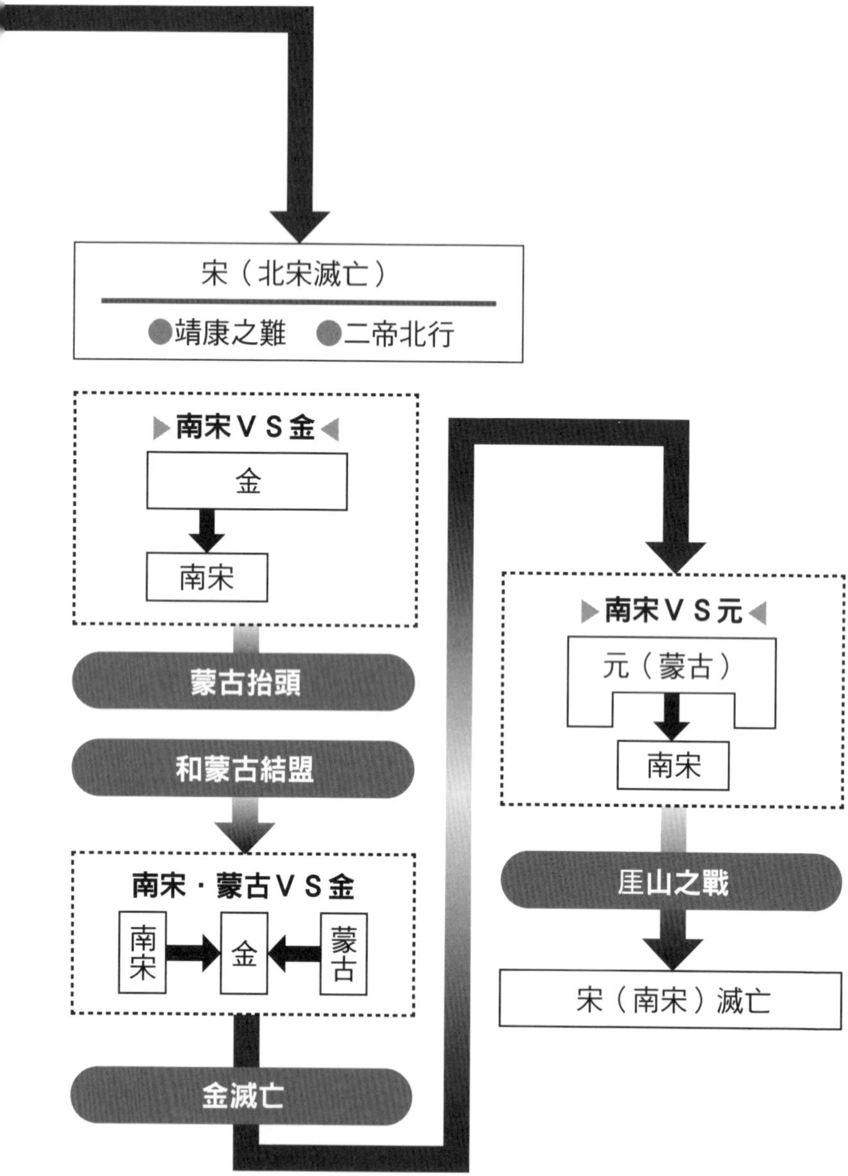
宋（北宋滅亡）
●靖康之難 ●二帝北行
南宋ＶＳ金
金
南宋
蒙古抬頭
和蒙古結盟
南宋・蒙古ＶＳ金
南宋
金
蒙古
金滅亡
南宋ＶＳ元
元（蒙古）
南宋
厓山之戰
宋（南宋）滅亡

宋帝國的滅亡

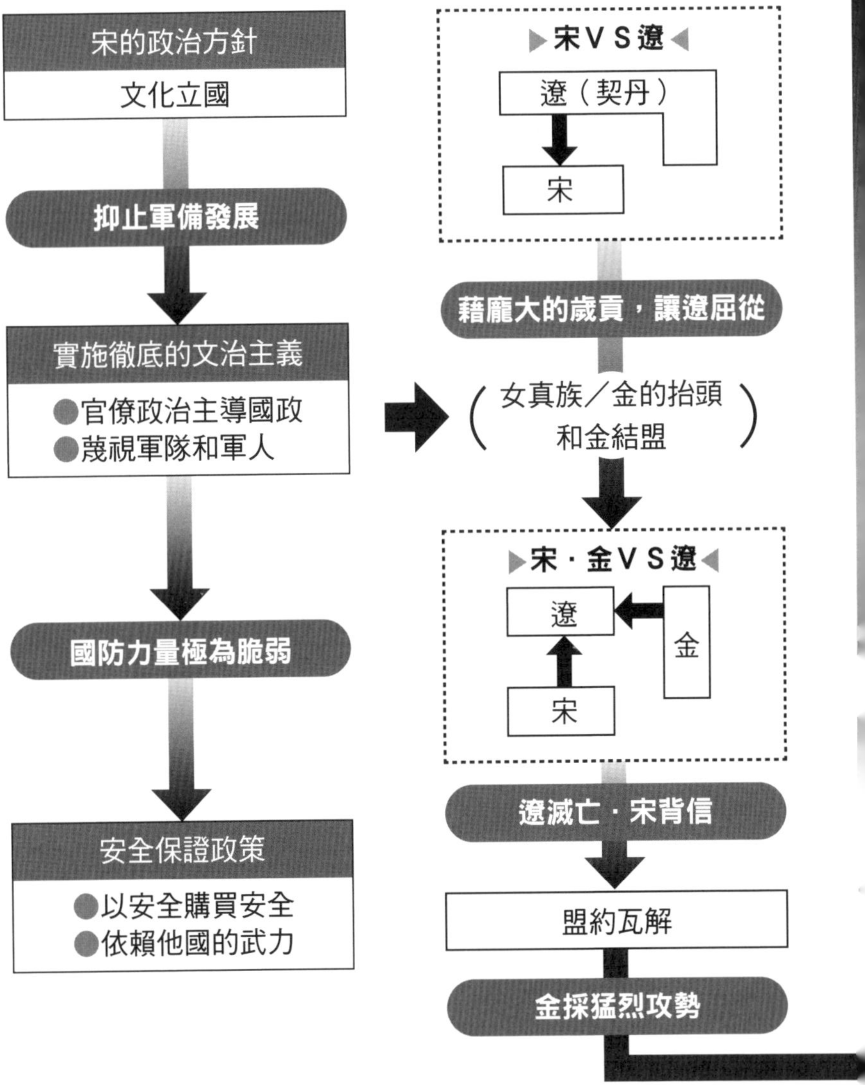
宋的政治方針
文化立國
抑止軍備發展
實施徹底的文治主義
●官僚政治主導國政
●蔑視軍隊和軍人
國防力量極為脆弱
安全保證政策
●以安全購買安全
●依賴他國的武力
宋VS遼
遼（契丹）
宋
藉龐大的歲貢，讓遼屈從
（女真族／金的抬頭
和金結盟）
宋・金VS遼
遼
金
宋
遼滅亡・宋背信
盟約瓦解
金採猛烈攻勢

3 混合軍比援軍、傭兵更優秀

- 法國國王查理七世（Charles VII，1403～1461）創設騎兵和步兵軍隊。
- 他的兒子路易十一世（Louis XI，1423～1483），以瑞士傭兵遞補組成混合軍。
- 此後法國軍隊，即成了無瑞士傭兵就無法戰鬥的瑕疵軍。
- 這種混合式的軍隊，比依賴單純的外國援軍或單純的傭兵優秀，但是比起自己國家的軍隊則又遜色許多。
- 法國如果持續強化查理七世所建構的軍事組織、或者維持原有的軍事力量，就不會嚐到戰敗的滋味。

在純粹由本國人所組織的軍隊中，加入一部份的傭兵所組成的混合軍，其危險性比完全依賴傭兵部隊或是外國的援軍低很多。但是由於可信度仍低，相較於戰力純粹來自本國軍的軍隊又遜色許多。現在我們就以戰史上有名的例子做為檢證。

鄂圖曼土耳其帝國（Ottoman Turkey）

十三世紀為從屬於塞爾柱土耳其帝國，同為土耳其體系的一個部族。由於高忠誠度及優異表現，獲贈安那托利亞地方（Anatolia，現小亞細亞）奠定基礎。後來以首長鄂圖曼（Osman I，1259～1326）為名的鄂圖曼土耳其部族，於一四五二年滅東羅馬帝國。此後鄂圖曼土耳其帝國就成為基督教世界的大敵。

混合軍的價值

法國國王查理七世

- 創設騎兵及步兵部隊

↓

- 是一支理想的軍隊

↓

法國國王路易十一世

- 廢除步兵

↓

- 以瑞士傭兵取代

此後

↓

法國軍隊

- 無瑞士傭兵就無法作戰
- 不管用的瑕疵軍

▶**混合軍的可信度**◀

↓

本國軍＞混合軍＞傭兵等

十五世紀初，受鄂圖曼土耳其帝國蘇丹（伊斯蘭的皇帝號，意為掌權之人）巴耶塞特一世（Bayajitto I，1389～1402）壓迫的東羅馬帝國皇帝約翰尼斯，向當時勢力在中亞如日東昇的帖木兒求救。

帖木兒（1336?～1405）是出身於成吉思汗蒙古帝國之西查合台汗國的突厥氏蒙古貴族。他趁王家衰退之際，宣布獨立，並以成吉思汗後裔自稱，擴展勢力。在今中亞及西亞一代建立龐大帝國。因此對一心企圖西進建構回教勢力的帖木兒來說，東羅馬皇帝的請求只是順水推舟。

◈鄂圖曼土耳其帝國的失敗

一四〇四年七月，代表伊斯蘭世界的兩大君主，在小亞細亞西方的安哥拉（Angora，土耳其首都）平原展開對決。當時的情勢，對以機動性極高的騎兵為主力、並長驅直入已先占領安哥拉市的帖木兒大軍來說，是相當有利的。帖木兒的大軍，由強悍的蒙古騎兵弓箭手所組成；七大軍團全由帖木兒勇猛的兒子、孫子所率領，並有身經百戰的老將從旁輔佐。而巴耶塞特一世，除了少數直屬的耶尼奇利（親衛隊）軍團外，其他則是由各藩主的親兵以及由蒙古人、西歐傭兵所組成的部隊。也就是馬基維利所說的混合軍。

耶尼奇利軍團是在鄂圖曼土耳其特殊軍制下，所訓練出來的皇帝親衛隊。親衛隊

安哥拉之戰

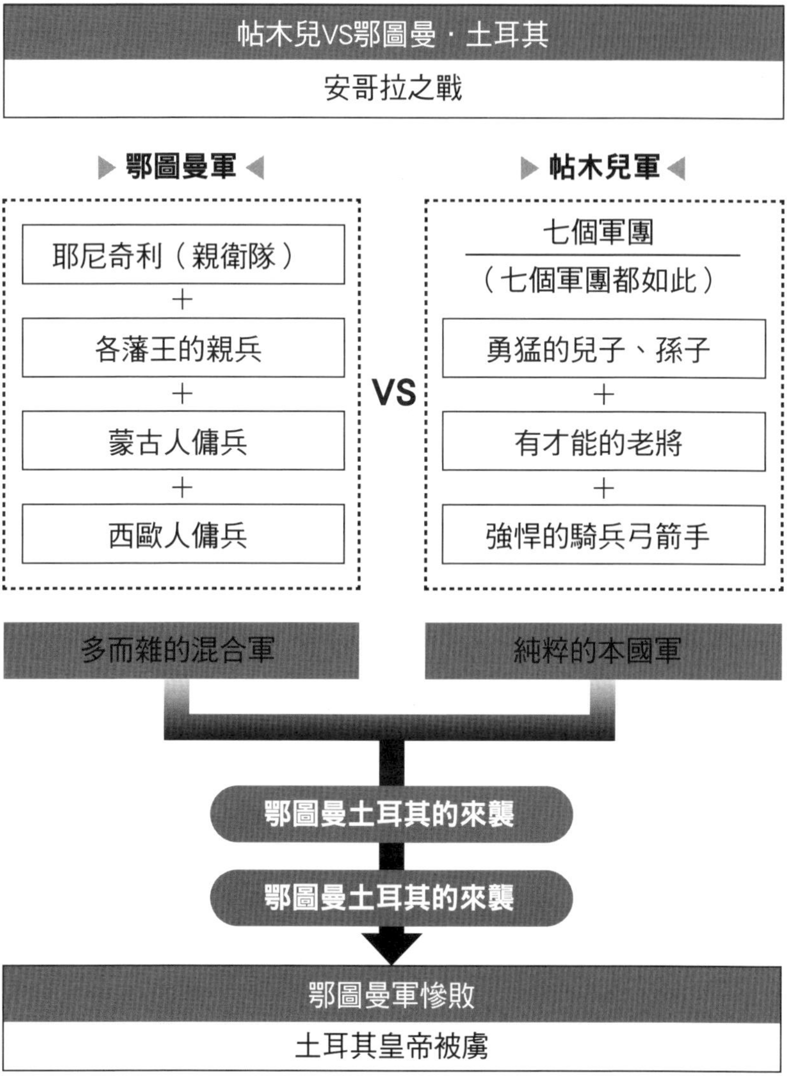
帖木兒VS鄂圖曼．土耳其
安哥拉之戰
鄂圖曼軍
帖木兒軍
耶尼奇利（親衛隊）
＋
各藩王的親兵
＋
蒙古人傭兵
＋
西歐人傭兵
VS
七個軍團
（七個軍團都如此）
勇猛的兒子、孫子
＋
有才能的老將
＋
強悍的騎兵弓箭手
多而雜的混合軍
純粹的本國軍
鄂圖曼土耳其的來襲
鄂圖曼土耳其的來襲
鄂圖曼軍慘敗
土耳其皇帝被虜

的成員來自帝國轄境內各州特選的男子，這些人不但擁有高人一等的才智，而且個個體魄強健。他們獲選之後即改信伊斯蘭教，並接受斯巴達的教育，被訓練成一支獨一無二、只崇拜蘇丹的親衛隊。因此一走上戰場，為了敬如天父的蘇丹，個個都是不畏死的猛將。當時是全歐最強的一支軍隊。

傭兵倒戈叛逆企圖逃亡

這場戰爭由缺水的土耳其軍先開攻。但是由混合軍所組成的土耳其軍，碰上了有鐵一般紀律及機動性強大的帖木兒騎兵弓箭部隊，完全不是對手。於是和帖木兒軍隊同為蒙古人的蒙古傭兵率先叛變，西歐傭兵也開始臨陣脫逃。接著，平日即對巴耶塞特苛酷統治心生不滿的藩王等，也捨巴耶塞特一起離咖戰場。

連巴耶塞特的長子斯雷依曼，也急急趕到建於亞細亞的首都巴洛茲（土耳其西北部城市，現稱布爾薩巴洛茲）帶著妻妾財寶，渡過博斯普魯斯海峽（Bosporus），逃回建於歐洲的首都艾德里諾普兒（Adrianople，艾德里安城堡的舊稱）。和耶尼奇利軍團孤軍奮鬥的巴耶塞特，終於力盡被虜。雙雄對決結果，帖木兒軍大獲全勝。

因為這一場敗仗，鄂圖曼土耳其的勢力開始衰退，有如風中殘燭的東羅馬帝國則暫離虎口，繼續苟延殘喘半個世紀。

勝利者帖木兒，乘勝繼續將巴格達（Baghdad）、大馬士革（Damascus）、阿勒坡（Aleppo）等地化為廢墟後，返回首都撒馬爾罕（Samarkand）的次年，也就是一四〇五年準備征討明朝時，結束了其波濤洶湧的一生，得年七十。

帖木兒帝國，不但建構了融合東西文化的獨特伊斯蘭文化，更延續了百年之久。帖木兒的第五代孫子巴伯爾，更從阿富汗入侵印度，建立了蒙兀兒帝國（Mogul Empire，即蒙古帝國，1526～1858，印度歷史上最長的伊斯蘭王朝）。

4 賢明的君王在本國的軍隊中奠定基礎

- 傭兵之所以危險，是因為成員膽小怯懦。
- 援軍之所以危險，是因為他們向身為第三者的君王宣示效忠。
- 賢明的君王通常會避開這樣的兵力，而將基礎奠定於本國的軍隊中。
- 結論：只要不具備自己的軍力，任何一個國家都無法國泰民安。誠如一句格言所述：「不是靠自己的力量所建立的權勢、聲名全都是不可靠的！」

瑞士永世中立

歸納馬基維利教義的重點，國家要安定，本國的軍隊是絕對不可缺少的可信軍事力量。這裡，我們以永世中立國、象徵和平的瑞士為例說明。事實上瑞士的獨立，就是靠其強大的軍事力量爭取而來，而今的安泰也是靠著強力的軍事力量維持的。

本國的軍備是國泰民安的基礎

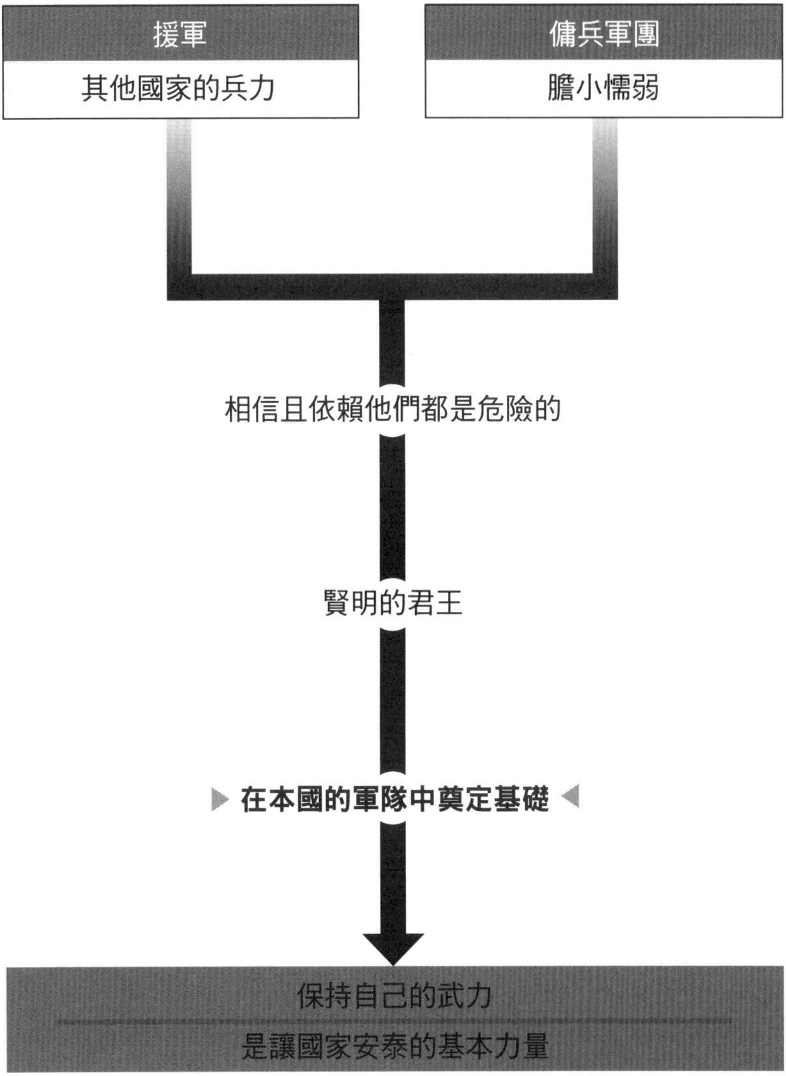
援軍
其他國家的兵力
傭兵軍團
膽小懦弱
相信且依賴他們都是危險的
賢明的君王
在本國的軍隊中奠定基礎
保持自己的武力
是讓國家安泰的基本力量

瑞士從前是屬於塞爾特人（Celt，印歐人種之一支）的赫爾維西亞（Helvetic）族的居住地。在西元前五八年時，為朱力亞斯．凱撒（Gaius Julius Caesar，100 ～ 44BC）所征服，成了羅馬的屬州。五世紀西羅馬帝國滅亡之後，又被日耳曼的布爾格恩達族（Burgunder）征服。到了十世紀末，隨著神聖羅馬帝國的建立，又被其統治。但是眾多州（Canton，又稱邦）中的烏里（Uri）、施維茨（Schwyz）、涅瓦爾登（Nidwalden）三個州是奧地利王家、世襲神聖羅馬帝國的哈布斯堡（Habsburg）家的私有領地。

瑞士人原為山地居民，身強體健、性情勇猛、豪邁不羈、團結心強，非常獨立。因此瑞士人很早就希望能夠脫離封建領主的束縛，而發起獨立運動。一二九一年，烏里等三州趁哈布斯堡的皇帝魯道夫一世（Rudolf I，1218 ～ 1291）過世相聚一堂，並簽署相互援助條約進行叛變。烏里、施維茨、涅瓦爾登三州被稱為「原始三州」，而這一次的同盟行動就是瑞士聯邦的開始。所以瑞士人把他們簽署條約的八月一日，訂為瑞士的獨立紀念日。德國大文豪席勒（Friedrich von Schiller，1759 ～ 1805）的名作《威廉．泰爾》（Wilhelm Tell，1805），亦譯《蘋果與箭的故事》，就是描繪瑞士居民對抗當時哈布斯堡家總督凱拉斯，所發動的獨立運動。

瑞士的強悍防衛，使希特勒退卻

此後，企圖確保權勢的哈布斯堡和努力爭取政治獨立的瑞士人民，不斷爆發抗爭

哈布斯堡家（Habsburg，1278 ～ 1918）

奧地利王家，原只是擁有瑞士地方的小領主（伯爵）。一二七三年，魯道夫一世即神聖羅馬帝國皇位後，勢力大增，並巧妙藉著政治婚姻而世襲皇帝寶位。拿破崙戰爭[1]之後，更入主奧地利，成了奧地利的世襲王家。女皇帝瑪麗亞．特蕾西亞[2]及法國王妃瑪麗．安托瓦內特[3]的故事，更是人人皆知。

事件。當然瑞士的歷史也就隨之不斷改寫。

一三一五年十一月十五日，入侵瑞士的奧地利騎士軍團，被瑞士居民打得體無完膚。這一次的勝利讓蘇黎世（Surich）、伯恩（Bern）等五州相繼加入聯邦，於是瑞士聯邦由原本的三州增為八州。一心執著要恢復領土的哈布斯堡家，此後不斷派兵相向。但是瑞士居民在一三八六年的「聖巴哈之戰」及一三八八年的「內費路斯之戰」，卻屢敗奧地利大軍。他們使用的是槍林戰術，也就是前衛軍擺出長槍密集陣，阻止奧地利的騎士軍團前進，再趁奧地利陣形大亂之際，攻入排在後列以哈雷巴魯特矛、斧、鐮刀為武器的奧地利主部隊，以長槍刺他們的馬，迫使騎士墜馬後，再予以砍殺。

這一連串的勝利，等於讓瑞士聯邦從哈布斯堡的封建統治下，獲得解放。十五世紀後半，企圖在布爾格恩達（Burgunder）一帶建立王國的布魯格紐（Bourgogne）公爵查理，也曾在一四七六年大舉入侵瑞士意欲併吞，但是卻在「格蘭索之戰」、「慕爾丁之戰」吃了敗戰，且在次年的「南錫（Nancy）之戰」中一命嗚呼。這一仗讓瑞士的兵成了傳奇，更讓各國發生爭鬥時，紛紛僱用瑞士人為傭兵。

一四九九年，瑞士發動「修瓦邊戰爭」（Schwaebischen），對抗企圖再次統治瑞士的皇帝馬克西米連一世（Maximilian I，1459～1519），結果在「多魯那赫之戰」大敗皇家大軍。因為這場勝仗，巴塞爾（Basel）等五州連袂加入瑞士聯邦。簽署「巴塞爾條約」之後，各國形同默認瑞士聯邦十三州已然獨立。後來為三十年戰爭劃下句點的〈維斯托法利亞條約〉（Westfalen，1648），公認瑞士聯邦為獨立國家，接著在

《威廉・泰爾》

德國大文豪席勒的小說名作。書中詳細地描繪了對抗哈布斯堡家時，瑞士人的豪邁氣概。獵人泰爾在奧地利總督凱斯拉的要脅下，一箭貫穿自己兒子頭上的蘋果，更是經典。

（1476年）

布魯格紐公爵查理入侵

↓

南錫之戰

查理敗北

↓

皇帝馬克西米連入侵

修瓦邊戰爭

↓

瑞士大勝

↓

簽署巴塞爾條約

13州獨立

↓

簽署維斯托法利亞條約

公認22州獨立

↓

維也納會議

永世中立國

第二次世界大戰

納粹總統希特勒

企圖經由瑞士攻打法國

▶瑞士◀

全國皆兵總動員

拒絕讓德軍通過瑞士

↓

希特勒死心斷念

- 捍衛祖國的強烈意識
- 強大的軍備

↓

勝利

瑞士的國家捍衛史

永世中立國瑞士

原就是和平國家嗎？

（當然不是！）

曾歷經過一串的戰爭史

▶瑞士◀

▶哈布斯堡家的私有領地◀

獨立戰爭（13世紀末～14世紀末）

- 1315年的摩爾卡爾丁的聖巴哈之戰
- 瑞士人民獲得大勝

脫離哈布斯堡家而獨立

拿破崙戰爭後所召開的維也納會議中，承認加入了日內瓦等州的瑞士聯邦二十二州為獨立國，此後瑞士的榮景即一直維持至今。

第二次世界大戰時，希特勒曾準備派大軍經過瑞士攻打法國。此時，瑞士全民皆兵向希特勒表明全國總動員的決心，迫使希特勒打消借路的念頭。

如前所述，瑞士之所以能夠永世中立、象徵和平，除了其剛毅獨立的民族性外，最重要的是擁有馬基維利所強調的，具有強悍防衛意識及可全民皆兵的強大本國軍備。強大的軍備，讓瑞士屢戰屢勝改寫了歷史。

---

1 Napoleonic Wars，1805～1815 年間法國在拿破崙一世的率領下，與英國、普魯士、奧地利、俄國進行的戰爭。

2 Maria Theresa，1717～1780，奧國女大公，神聖羅馬帝國皇帝法蘭西斯一世的皇后，發動七年戰爭（1756～1763）後失敗告終。

3 （Joseph Jeanne）Marie Antoinette，1775～1793，法王路易十六的皇后；被革命法庭處死於斷頭台。

5 軍事訓練是君王唯一的任務

- 指揮作戰、建構軍事組織和進行軍事訓練，本就是統治者唯一的任務。
- 這是讓君王保有國家，讓一名布衣百姓登上君主王座的能力。
- 反之，當一位君王心向優雅情趣時，就表示他將失去這個國家。
- 身為君王，不可片刻怠忽軍事訓練。

馬基維利在這要告訴大家的，是身為君王者應該親身進行軍事訓練，因為這是上天給他們的唯一任務。現代來說，即是「經營活動是經營者獨一無二的任務」。

◈心中只有軍務的蒲生氏鄉

擅長軍事的帝王、武將不勝枚舉，但是心中只有軍務的君王，似乎並不存在。

以人物為例，會津九十二萬石的太守蒲生氏鄉即是一例。蒲生家原是南近江守護六角（佐佐木）氏被官（下級武士或下級官吏），是在近江日野地方擁有三萬石左右收入的豪族。永祿十一年（一六〇一年），織田信長奉足利義昭將軍之命上京都，當時的城主賢秀立刻交出自己的長子、年僅十三歲的鶴千代（蒲生氏鄉，1556～1595）做為人質，宣布投降。打心眼裡欣賞鶴千代才氣的信長，未將他視為人質，更招他為婿，將自己的三女冬姬嫁與他為妻，並將自己的職稱中的彈正忠三字中的忠字，賜給他為名，為忠三郎。蒲生年紀輕輕即文武雙全，完全符合稻葉一鐵所打的包票：「這就是大人物！」不過，蒲生和信長雖然極為投緣，仍然在柴田勝家（1522～1583，安土桃山時代的武將）之下受煎熬，倍嘗辛苦。

隨著信長在「本能寺之變」過世，蒲生改而隨伺豐臣秀吉。在征伐九州時當先鋒打頭陣，非常活躍，尤其在攻打易守難攻的筑前嚴石城時，他更是一馬當先勇敢奮戰立下汗馬戰功，因而獲贈伊勢松阪的十二萬石領地。這時，他整頓城下町（以封建領主的居城為中心所發展的城邑），從舊領日野地方邀來近江商人獎勵商業活動。三井財閥的祖越後屋（三越的前身）、松阪屋、伊勢丹等有名的松阪商人，就是這批近江商人中的佼佼者。

豐臣秀吉征伐小田原之後，開始整治奧州（奧陸國的別名，位在現在的日本東北地方）。他將會津四十二萬石（一開始的時候）的收入交給蒲生，讓他監視德川家康、伊達政宗（1567～1636）等重量人物。

但是蒲生並未因此高興，反而暗自流淚說：「只要能立中央，即使俸祿微薄，有機

君王的唯一任務

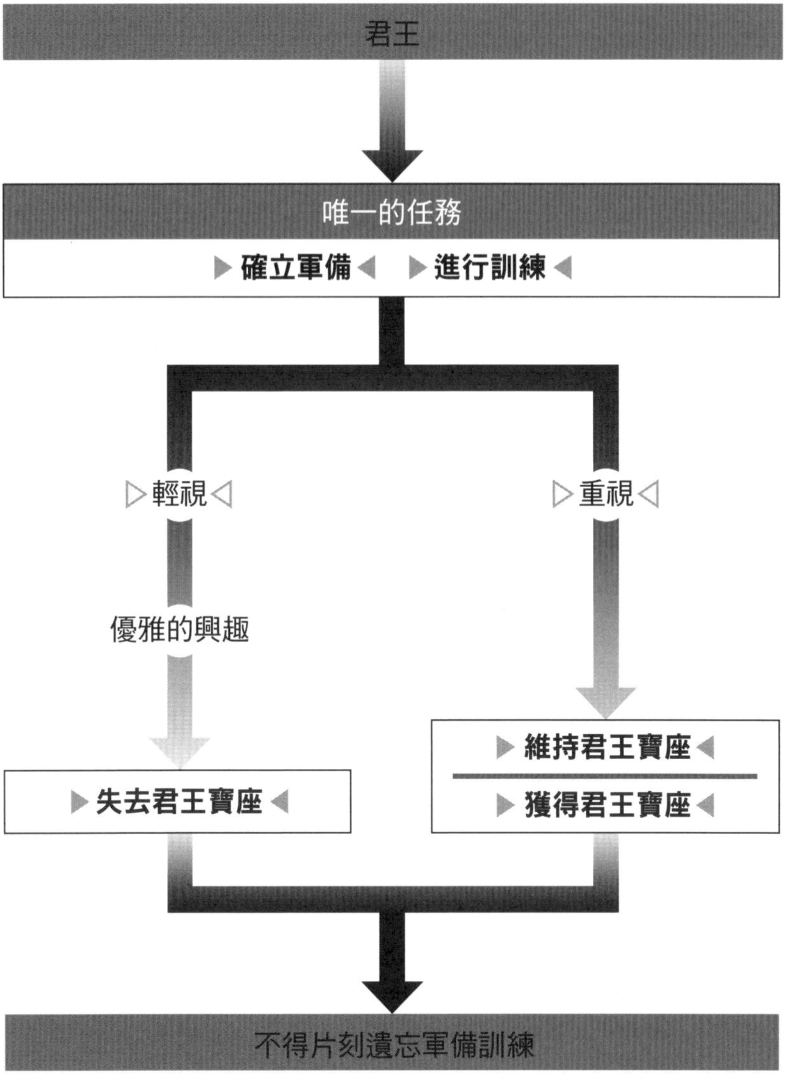
君王
唯一的任務
▶確立軍備◀
▶進行訓練◀
▷輕視◁
優雅的興趣
▶失去君王寶座◀
▷重視◁
▶維持君王寶座◀
▶獲得君王寶座◀
不得片刻遺忘軍備訓練

會暢談大志，可是身懷厚祿，卻被置於奧羽僻壤（陸羽國、出羽國，現在的東北地方）……。

◆以高俸雇請勇將猛卒

蒲生入會津時，為了增強軍事力量，特請豐臣秀吉准許他以高俸雇請柴田勝家勇猛的外甥佐久間盛政（1554～1583，人稱玄蕃允或鬼蕃允）的弟弟、最後反抗秀吉的柴田安政及勝之兄弟及其他勇將猛卒。這些人所期待的俸祿加總後，正好是蒲生薪俸四十二萬石的兩倍。老臣們驚訝之餘，還發生要求蒲生重新分配的插曲。

蒲生個人的總收入，累進之後為九十二萬石。但是其中大半都分給了家臣，所以實際入庫的只有來自直轄領地、不滿五萬石的營收。因此傳言為解決每日三餐，他都必須依序到每位重臣家打秋風。

一上戰場，他的座右銘就是「身為大將者，理應打頭陣」。因此他常常訓示新錄用的家臣及蒲生家的武侍：「在戰場上，有一位頭戴銀頭盔的的前鋒武士。你們只要留心不輸給他就夠了！」這位頭戴銀頭盔的武士，正是蒲生氏鄉自己。

某天，豐臣秀吉和蒲生氏鄉、德川家康、前田利家（1538～1599，加賀藩始祖）等人暢談：「假設信長公有五千兵馬，氏鄉有一萬兵馬，兩人對戰，何人會勝？」席中無人作答。秀吉說：「信長公會勝。因為蒲生這一方如果只有五位先鋒頭顱落地，

專心軍務更上一層

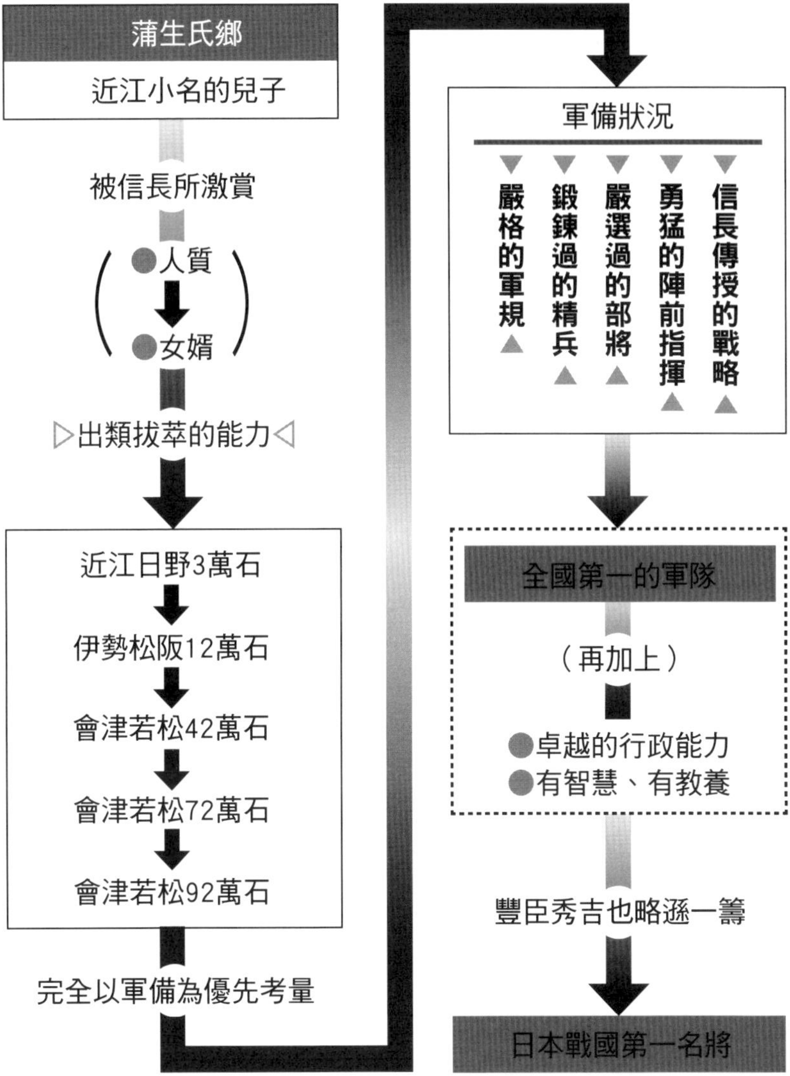
蒲生氏鄉
近江小名的兒子
被信長所激賞
（●人質
●女婿）
▷出類拔萃的能力◁
近江日野3萬石
伊勢松阪12萬石
會津若松42萬石
會津若松72萬石
會津若松92萬石
完全以軍備為優先考量
軍備狀況
▼信長傳授的戰略▲
▼勇猛的陣前指揮▲
▼嚴選過的部將▲
▼鍛鍊過的精兵▲
▼嚴格的軍規▲
全國第一的軍隊
（再加上）
●卓越的行政能力
●有智慧、有教養
豐臣秀吉也略遜一籌
日本戰國第一名將

其中有一顆頭必定是蒲生的。但是信長公這一方，即使失去了四千九百名士兵，（早就逃之夭夭的）信長公依然安然無恙。能留住大將的那一方，就是最後的勝利者。」據說秀吉是藉這一問暗勸氏鄉適可而止，不要做過頭了。

◈大將們所率領的精銳軍隊

為了奪回舊領地，蒲生對於煽動一揆企圖讓他垮台的老狐狸伊達政宗，可以做到隱忍不吭聲，足見其肚量之大。不但如此，蒲生還擁有信長所傳授的行政能力、讓部下信服的統帥能力，連在茶道上也名列利休七哲人之一。難怪信長也選他為婿，連一步登天的豐臣秀吉也相形見絀。只是出色的人物，往往也是礙眼人物。

因此，秀吉進行一石二鳥計劃，把他封死在會津地區，讓德川家康、蒲生氏鄉和伊達政宗相互鉗制。

文祿四年二月（一五九五年），氏鄉在療養中病情突然惡化，連名醫曲直賴道三（1507～1594，日本醫學中興之祖）都束手無策，就此結束四十年的短暫生涯。

他臨終詠嘆，「生命悠悠有盡期，風雖不吹花自落，胸懷大志歲月短，恰如春泥落山風。」藉以吐露胸懷大志卻落得年輕早逝的心境。

有身先士卒、智勇兼備、戰略得自信長傳授的蒲生領軍，加上身經百戰的部將、長信所規範的嚴厲軍規，這一支軍團毫無疑問是日本最強的軍隊。

利休七哲

千利休的弟子，全都是茶道的專家，共七人，全為當時的武將。他們分別是利休死後擔起教育利休之子少庵之責的蒲生氏鄉、創辦三齋流的細川忠興、織田信長的弟弟有樂流的織田有樂齋、以織部燒留名後世的古田織部、基督教大名（信奉基督教的諸侯）高山右近、反抗信長的猛將荒木村重及瀨田掃部。詳細資料可參考日本的茶人錄。

蒲生的例子可以印證馬基維利所說的，製造強銳的軍隊是君王獨一無二的任務，但也否定了馬基維利認為馬基維利認為君主玩物、喜歡優雅的興趣會誤國的看法。因為蒲生不但擁有一流的軍事才能，也同時具備卓越的行政能力，茶道、詠歌更是樣樣精通，更是利休七哲人之一的文化人。只能說蒲生氏鄉的才幹，遠超過了馬基維利所設的君王資質門檻。

第 5 章

能承惡評

——君王的資質——

1 君王要能不畏惡評

- 君王高高在上的地位和毀譽褒貶如影隨形。
- 君王有善德、有惡德是人之常情。
- 因此君王更該深思熟慮，讓行為舉止遠離惡評。
- 但是，如為維持政權，必要時可不畏惡德及惡評。

◆淫蕩的葉卡捷琳娜二世

廣義解釋馬基維利的意思就是，君王也是人，所以具有善德、也具有惡德。當君王擁有崇高地位，應該時時深謀遠慮，不要讓自己的行為舉止落人口實，但為了維持政權，即使所用之手段會遭來惡評，也應該毫不畏懼地執行。

縱觀歷史，有位人物正好符合馬基維利提出的理論——俄國女沙皇葉卡捷琳娜二

君王的毀譽褒貶

君王

（因為地位高高在上）

毀譽褒貶如影相隨

人之常情

即使貴為君王

亦同時具有善德和惡德

（遠離受惡德作祟的惡評）

經過深思熟慮的言行舉止

（但是，如果是為了維持政權）

應不畏惡評

世（Catherine II，1726～1796）。一七六二年，羅馬諾夫王朝俄羅斯帝國發生了一樁大事，皇妃葉卡捷琳娜糾合了崇拜她的近衛士官們發動政變，放逐她的皇帝丈夫彼得三世（Pyotr III）自立為王，稱葉卡捷琳娜二世。葉卡捷琳娜之所以會這麼做，是因為彼得三世企圖驅逐葉卡捷琳娜，和情人伊莉莎白．波奧倫莎薇結婚所致，最後廢帝彼得三世，在葉卡捷琳娜的授意之下，遭到近衛士官殺害。

本為德國人又奪夫帝位並弒君的葉卡捷琳娜，即帝位後，即絞盡腦汁強化其脆弱的基盤。接著承認貴族階級的特權，成功鞏固自己的勢力。除了內政之外，外交上，她也展現了無比的企圖心。

首先她把目標對準土耳其。歷經了兩次的對土耳其戰爭，葉卡捷琳娜掠奪了土耳其統治下、以克里米亞汗國（Crimea）為首的黑海一帶，並在克里米亞半島上建立塞凡斯托爾波（Sevastopol，位於烏克蘭南部）要塞。此外，她還依據和平條約，取得「黑海的自由通航權」及「土耳其境西的希臘正教保護權」。

接下來的目標是波蘭。曾為歐洲最大強國的波蘭，從十七世紀末改為「皇帝選舉制」之後，每逢選舉，貴族間必爭嚷不休，因而引來俄國等相關國家的干涉，使得波蘭陷入一片混亂。一七七二年，葉卡捷琳娜和普魯士（Prussia）王腓特烈二世（腓特烈大王，Frederick II）及神聖羅馬帝國皇帝約瑟夫（Joseph II，1741～1790）協商各自瓜分鄰近的土地。所持的名義是，保護波蘭境內新教徒及希臘正教徒。而當時波蘭的國王正是擁立葉卡捷琳娜、曾為葉卡捷琳娜親密愛人的史達尼斯拉夫．波尼亞托夫斯基。之後，一直對波蘭復興及反抗心懷畏懼的葉卡捷琳娜，又於一七九三年及一七九五年，分別第二次及第三次瓜分波蘭，奪得波蘭大部份的國土。

此後的波蘭的命運即外舛乖違，曾被拿破崙建立華沙公國（Warszawa）、在「維也納會議」再度被瓜分、在「凡爾賽會議」獲得獨立、一九三八年又被德蘇兩國瓜分，直至第二次世界大戰之後才獨立。

◆重要事項果斷執行

另外，葉卡捷琳娜對於東方的經營也不遺餘力，尤其關心日本。當她從日本的漂流浪人口中得知日本國情後，即在西伯利亞的依爾庫茨克（Irkutsk，東西伯利亞最大城市）開設日語學校，並占領千島列島，準備向日本發展。

葉卡捷琳娜和其他女皇最大的不同點，就是面對重大事項時，都自行負責果斷執行，她真的是一位聰明、剛毅、果斷的君王。

再如，她也和哲學家伏爾泰（Voltaire Francois-Marie Arouet，1694～1778）、狄奧羅（Denis Diderot，1713～1784）、童話作家格林兄弟通信聯繫，為啟蒙社會，親自執筆書寫文學作品、評論等。葉卡捷琳娜，也可以說是一位啟蒙君王。對於提昇文化層次和改善人民福祉，葉卡捷琳娜也非常用心。突顯文化色彩的俄國芭蕾、連日本人都甚為熟悉的鮑舒伊（Bolshoi）劇場、質與量均稱世界第一的赫爾米達什

希臘正教

西羅馬帝國滅亡後，基督教（正教）即分成東方及西方兩個教會。東方教會的首長，是東羅馬帝國的皇帝；西方教會的最高領導者是羅馬大司教（教宗）。兩個教會常為主導權而爭執不休。十一世紀中葉，兩大教會完全分離各自獨立，東方教會成了希臘正教，從此和天主教分道揚鑣。俄羅斯正教也是希臘正教的流派之一。

▶文化興隆◀

啟蒙君王

●和伏爾泰、格林兄弟等結交 ●親筆著作

↓

福祉・文化

●俄國芭蕾 ●鮑舒伊劇場
●赫爾米達什美術館 ●莫斯科大學

（但是……）

↓

她的惡德

●篡奪帝位 ●殺夫 ●放縱情慾

（頭戴皇冠的淫婦）

▶未能成為污點◀

實際的功績

建立橫貫東西的大帝國

俄國國民

↓

尊敬仰慕

●祖國之母 ●大帝

俄國女沙皇的毀譽褒貶

女沙皇葉卡捷琳娜二世

（羅馬諾夫王朝俄羅斯帝國1762年）

皇妃葉卡捷琳娜發動政變

●篡奪帝位　●殺夫

↓

（原籍德國，身為女人，皆為不利條件）

↓

（努力做一名聰明、剛毅、果斷的君王）

↓

（做出成績）

▶國內◀

和貴族合謀

安定國內

對外

發動土耳其戰爭

●掠奪黑海一海　●獲得黑海的自由航權

↓

瓜分及掠奪波蘭

●與奧地利及普魯士共同密謀　●三次瓜分波蘭，使波蘭滅亡

※波蘭王是親密愛人

（Ermitazh）美術館及莫斯科大學等，全都是在她任內期間創設的。

除了上述事項外，葉卡捷琳娜的人生，也被她濃烈的情愛生活點綴的五光十色。她的親密愛人，除了前面提及的波蘭國王史達尼斯拉夫·波尼亞托夫斯基，還包括了政變男主角奧爾羅夫兄弟、土耳其戰爭中的大將波喬姆金等二十餘人。因此人稱葉卡捷琳娜為「頭戴皇冠的淫婦」。

佳績足以掩蓋昔日惡德

總結而言，令人可議的是葉卡捷琳娜篡謀皇位、弒君、淫蕩，做盡了傷風敗德之事，但是卻絲毫不損她的威權。換成是一般人，早就被批判的體無完膚，然而葉卡捷琳娜的惡德，無法完全傷及她以女皇之尊安定國內，對外擴張國土發揚國威的偉大功績。以上的種種事實，都符合了馬基維利所持的理論。

葉卡捷琳娜讓俄國在她在位的三十四年中，茁壯成為橫跨東西的大帝國，是不爭的事實。因此俄國人全都稱呼這位出身德國的女沙皇為「祖國之母」，並敬她為「大帝」（Catherine the Great）。

出身德國

葉卡捷琳娜二世，普魯士貴族。在普魯士國王腓特烈二世（腓特烈大王）的撮合下，嫁給了一七四四年俄國皇位的繼承人——荷蘭公爵彼得（皇帝彼得三世）。一七六二年，逐走彼得三世又予以殺害，並自立為葉卡捷琳娜二世。

2 不必在意被批評為吝嗇鬼

●對君王而言，被評為慷慨，有害無利。

●為了維持闊氣的形象，勢必散盡家財，甚而用各種手段對人民進行剝削。

●賢明的君王不必在意被批評為吝嗇鬼。

●因為，節儉將使國家更為富饒。國家富饒，軍備必定安全完善，政府也無需向人民課重稅，好評自然產生。

闊氣讓豐臣秀吉的豐功偉業化為烏有

由於闊氣、賞賜不斷，導致財源耗盡，不得不向國外出兵，以滿足對臣子的封賞，結果民不聊生、怨聲載道，本人也在失意中嗚呼哀哉。這位不懂馬基維利戒條，而讓一身豐功偉業化為烏有的英雄，就是豐臣秀吉。

出身農民子弟，而以布衣以取天下的豐臣秀吉，身邊幾無家臣可言。在他名下的諸侯中，除了少數幾位是他培養的，其他人和豐臣秀吉的關係，不是上司、下屬就是同事；要不就是地方名門，為了博得這些人的歡心，豐臣秀吉必須不斷挑起戰爭，再將掠奪而來的領土大方分給他們。久了之後，日本國內已無領土可供分配，豐臣秀吉只好向外求土。對朝鮮出兵，無疑增加部下們的負擔，造成各諸侯的嫌隙，縮短了豐臣政權的命脈。

這就是馬基維利說的，追求闊氣，將導致惡性循環，終至破綻百出、不可收拾。

◆節儉在緊要關頭發揮功效

相較於豐臣秀吉的例子，有人即如馬基維利所推崇的，平日吝嗇地像個守財奴般的儲蓄銀兩，到了緊要關頭即散去千金，在所不惜。

他就是秀吉在開創時期的參謀黑田官兵衛孝高（1546～1604）。他是個非常節儉的人，他借了要出征朝鮮的大名日野根織部黃金三百枚。織部返國後，特地到官兵衛家還錢。正好聽到他吩咐家臣說：「昨天別人給我們的鯛魚，應該還有吃剩的魚骨，就用它來煮吧！」內心大驚心想，「他果然如傳言般的吝嗇，這下子他一定會跟我要利息的。」但是當他把三百枚黃金還給官兵衛時，官兵衛卻分文未收，並說：「我給你這筆錢的目的，就是為了要慰勞您的辛勞及為您餞行。」由此可見，官兵衛並不是

日韓之戰

統一日本的豐臣秀吉，為了一圓美夢及獲得領土以酬部將，兩度出兵（文祿之役、慶長之役）攻打鄰國朝鮮。日本在朝鮮頑抗及中國明朝的協助下，戰況漸行惡化，不久及因秀吉抑鬱而終，而告失敗，兩次戰役使日本國內一團疲憊，導致家臣分裂，豐臣政權煙消雲散。

建議吝嗇

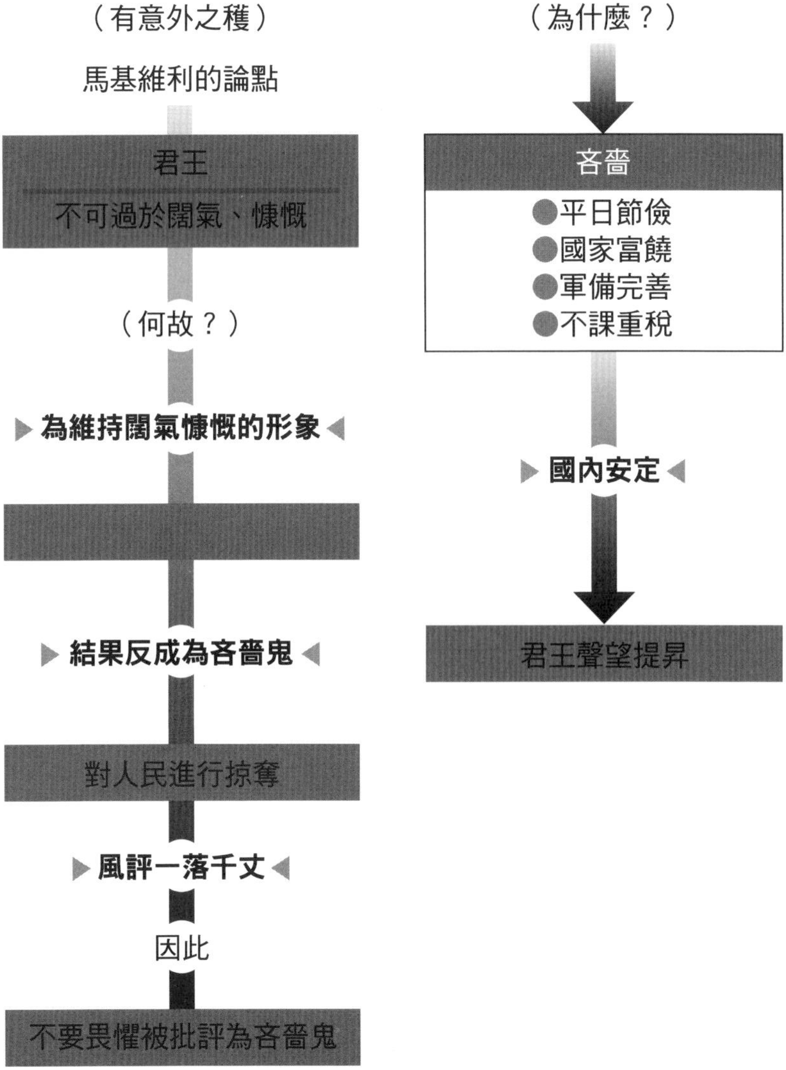
（有意外之穫）
馬基維利的論點
君王
不可過於闊氣、慷慨
（何故？）
為維持闊氣慷慨的形象
結果反成為吝嗇鬼
對人民進行掠奪
風評一落千丈
因此
不要畏懼被批評為吝嗇鬼
（為什麼？）
吝嗇
●平日節儉
●國家富饒
●軍備完善
●不課重稅
國內安定
君王聲望提昇

頑固的吝嗇鬼。官兵衛克勤克儉所得的金銀錢財，終於等到了開花結果的時刻。

慶長五年，發生了爭奪天下的「關原會戰」。當時德川家康只號召了豐前中津的黑田、肥後熊本的加藤清正、豐後杵築細川家的飛領。但是當時黑田家的主將及大部份的軍隊，都跟著黑田官兵衛的兒子黑田長政出征了。因此留在中津可用之兵，可謂寥寥無幾。

於是官兵衛（此時他已隱居，號如水）拿出平日所積蓄的銀錢，聚集了浪人、野武士、農夫等數千人，組成一支臨時軍。這支軍隊經過官兵衛的即興調教，竟然成了一支精悍的部隊。官兵衛迅速平定了豐前、豐後，又在豐後的石垣原（別府市郊外），擊退了豐後的舊國主大友義統，接著平定日向，趁亂進入筑前、筑後之際，聽聞家康在關原會戰打了勝仗。於是他帶著兵馬，很乾脆地把攻下的豐前、豐後、日向等地方獻給家康。不過據聞，他原本是希望「關原會戰」能夠拖久一點，等他平定九州之後，攻向山陽道，再扳倒德川家康和石田三成（1560～1600，日本戰國時代的英雄）之中的一位，進而掌握整個天下。不管真相如何，官兵衛的例子正如馬基維利所說，不畏人家批評吝嗇，平日節儉儲蓄，到緊要關頭時即可發揮效用的最好例子。

大友義統（1558～1605）

父親為曾統治大半個九州的大友義鎮（宗麟）。豐臣秀吉將豐後府內領地賜與他，並派他征伐朝鮮，可是當明軍來襲時，他竟然陣前逃亡，遭除封貶為平民。後投靠毛利輝元。關原會戰時在豐後舉兵，結果在石垣原敗給了黑田孝高，又去投靠佐竹家。

過於闊氣的功與罪

豐田秀吉及黑田高孝

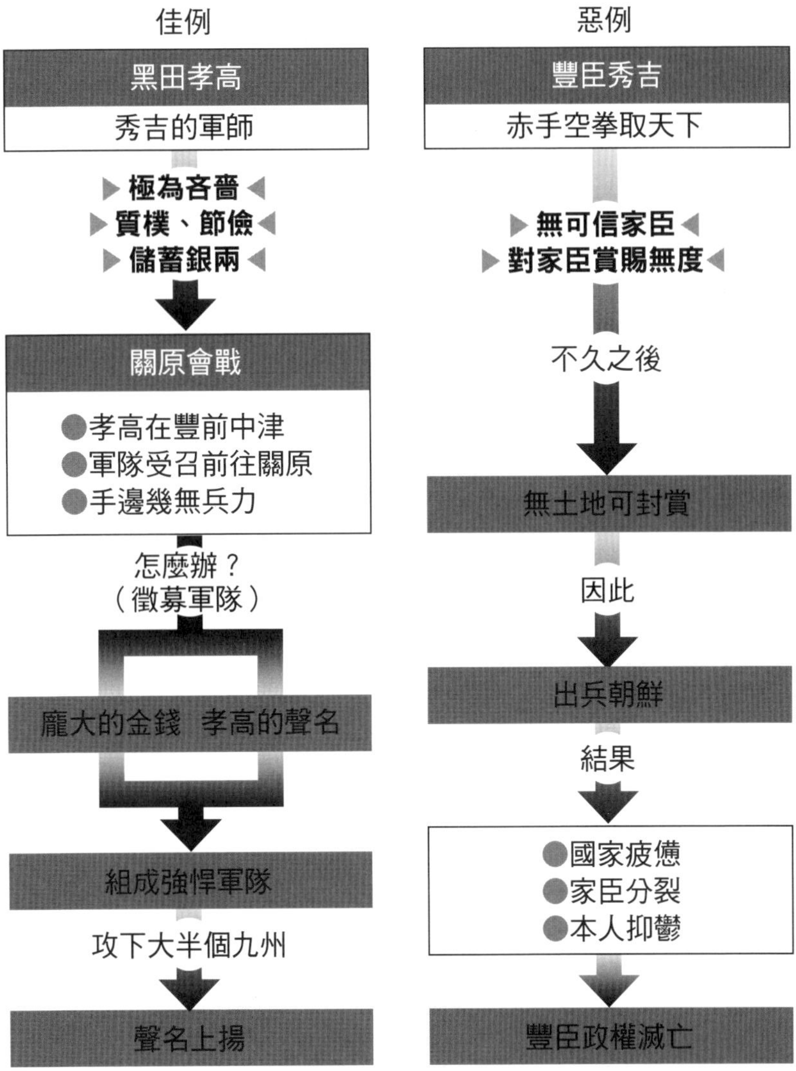
佳例
黑田孝高
秀吉的軍師
極為吝嗇
質樸、節儉
儲蓄銀兩
關原會戰
●孝高在豐前中津
●軍隊受召前往關原
●手邊幾無兵力
怎麼辦？
（徵募軍隊）
龐大的金錢　孝高的聲名
組成強悍軍隊
攻下大半個九州
聲名上揚
惡例
豐臣秀吉
赤手空拳取天下
無可信家臣
對家臣賞賜無度
不久之後
無土地可封賞
因此
出兵朝鮮
結果
●國家疲憊
●家臣分裂
●本人抑鬱
豐臣政權滅亡

3 令人畏懼反而安全

- 君王都希望得到慈悲為懷的風評。
- 為了讓臣民團結並確保其忠誠度，不要介意被批評為冷酷無情。
- 當君王必須在令人畏懼及令人仰慕之間二選一時，選擇前者比較安全。

◇目的正確的冷酷對策，將會化為慈悲

這也是馬基維利非常強調的一點。他認為君王在建設政權時，其目的若是為了國家的安定及人民的福祉，在進行的過程中，無論使用多冷酷的手段，當目的達成時，都將化為慈悲。

當君王必須在「令人畏懼」及「令人仰慕」之間二選一時，應該毫不猶豫地選擇前者。理由是，「令人畏懼」是君王自我意志的表現。而「令人仰慕」則是民眾不可

君主的心願

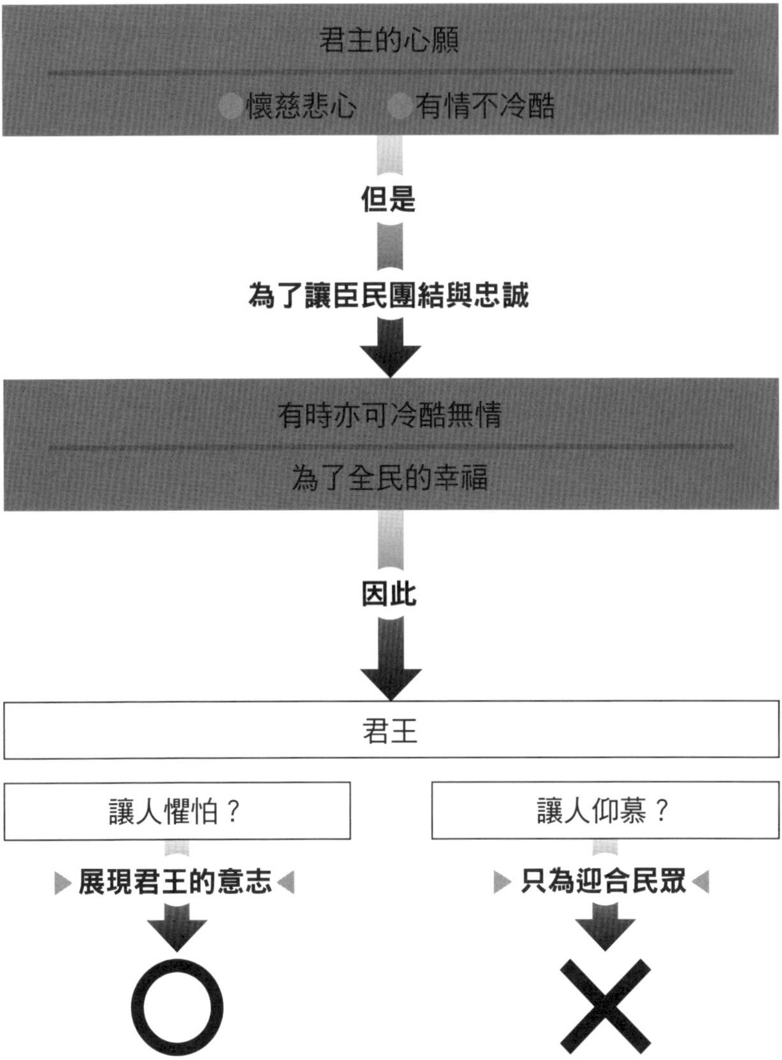
君主的心願
懷慈悲心
有情不冷酷
但是
為了讓臣民團結與忠誠
有時亦可冷酷無情
為了全民的幸福
因此
君王
讓人懼怕？
讓人仰慕？
展現君王的意志
只為迎合民眾

靠的願望，是種見異思遷、無恩義可言的情緒。

因此，馬基維利認為，如果終極目的能夠帶來幸福，進行過程中所出現的冷酷應該是被許可的。現在我們就來進行檢證。

◈史達林只換得專制統治及奴隸服從

一九二四年一月，俄國革命之父列寧過世，爆發了激烈的權力鬥爭。結果史達林扳倒了強敵托洛斯基、吉諾維夫、卡梅尼夫等，獲得勝利掌握實權。

史達林上台後，捨棄之前信奉的列寧各政策，改打「一國社會主義」牌，認為俄國可以進行革命，建設社會主義。其中最大的變革，就是急進的經濟政策。一九二八年，史達林在第一次五年計劃中，推動高度重工業化成績斐然。事實上，這是犧牲了農民的權益所獲得的成果。因為蘇聯本身並無集資能力，所以史達林在執行時，不但冷酷徵收農民所種植的農產品，並斷然進行農民集團化。同時對農民的反抗實施徹底鎮壓。據說在五年計劃結束之一九三二年時，有一千七百萬的農業人口，死於飢餓及流刑。

在強敵環繞、第三國際（komintern）共產革命又不成功之時，史達林的一國社會主義，可以說是非常現實又極為適當的選擇，但是呈現面前的卻是，將勞動者綁在工廠裡，並從農民身上剝奪原屬於農民的農地、牲畜、生產方法，以強制手段將所有的農村分為集團農場（kokhoz）和國營農場。易言之，大家必須接受專制管理及奴隸服

史達林

約瑟夫．史達林（Joseph Stalin，1879～1953），真名為洛瑟夫．維沙利諾維奇．朱佳希維利（Iosif Vissarionovich Dzhugashvili）。史達林為鐵人之意，是個筆名。列寧死了之後，史達林排除托洛斯基等前輩，掌握權勢。在第二次世界大戰中，他自任大元帥指揮作戰，巧妙地和美國羅斯福總統合作獲得援助，打敗了德國納粹。

從的恐怖事實。很明顯的，和馬基維利所強調的最終目的為全民福祉，是大相逕庭的。

接著，在第二個五年計劃順利進展的一九三四年，史達林得意弟子，擔任列寧格勒市黨書記的塞爾格・基洛夫遭到暗殺。史達林斷定這件謀殺案的幕後策動者，就是批判自己、企圖復黨、現被逐放的政治勁敵托洛斯基、卡梅尼夫等人；於是立刻採取無情的整肅行動。一九三六年八月，蘇聯政府突然對托洛斯基集團中的吉諾維夫、卡梅尼夫等十六名成員公開進行軍事審判。結果這十六名成員全被判處死刑，即日進行槍決。當時此事件震驚了世界。

另，一九三七年一月，黨中首屈一指的理論家皮耶塔可夫等人遭到槍殺，接著一九三八年，和托洛斯基完全無關的布哈林、路易可夫、以及多年來一直效忠史達林，努力幫史達林進行暗殺任務的秘密警察（NKVD）長官亞可達等人，都被當作右派的托洛斯基集團分子而遭到判刑。

經歷這番整肅，原為一圓無產階級獨裁樂園美夢，而策動的俄國革命，以列寧諸弟子為主的布爾什維克派元老，全都消失於這個世界了。除此之外，史達林也同時對蘇聯的基幹勢力展開肅清。一九三七年六月，以陸軍參謀總長米海爾・托哈奇夫斯基（Mikhail Nikolayevich Tukhachevskii，1893～1937）元帥為首的軍事高層將領，全被秘密審判遭到槍決。他們的罪名是勾結德國及日本圖謀不軌。之後紅軍內部即刮起了整肅風暴。結果紅軍內部，五位元帥中的三位元帥、十五名司令官中十三名司令官、八十五名軍團長中的六十二名上級將官，全都被整得狼狽不堪。

◈如何保持慈悲和冷酷的平衡

一九三六年的肅清行動中，史達林為了確保自己的權威體制，更修正一九四二年所制定的「列寧憲法」，頒布新的「史達林憲法」。此一憲法中最為人所詬病的——第二條的「所有蘇維埃國民，基於不勞動不得食之原則，必須對國家負勞動之義務。」

總而言之，曾為列寧及其伙伴所嚮往的無產階級樂園，已被這位異端厲鬼、出身於葛爾吉亞（Gruziya）的野人史達林搞成了四不像的恐怖專制帝國。史達林在建設蘇聯的過程及呈現的結果，和馬基維利所提倡，以國家安定及全民福祉為終極目的的理論，看似極為類似，事實上早已背道而馳。

慈悲和冷酷、令人畏懼及令人仰慕，到底如何取捨，但看如何保持適度的平衡。一般的做法應是保持慈悲心採正統的做法，但是必要時請不要避諱採取馬基維利所建議的冷酷手段吧。

托哈奇夫斯基（Mikhail Nikolayevich Tukhachevskii，1893～1937）
為蘇聯紅軍的參謀總長。元帥。出身貴族的紅軍統領。革命爆發內亂之時，曾大力協助鎮壓反革命派的勢力，人稱「赤色拿破崙」，極具威權，連史達林都相形見絀。一九三六年，因和日本及德國勾結之罪名，被整肅遭到槍決，其實這是納粹的陰謀。是蘇聯戰車戰術的創始者。

史達林的冷酷

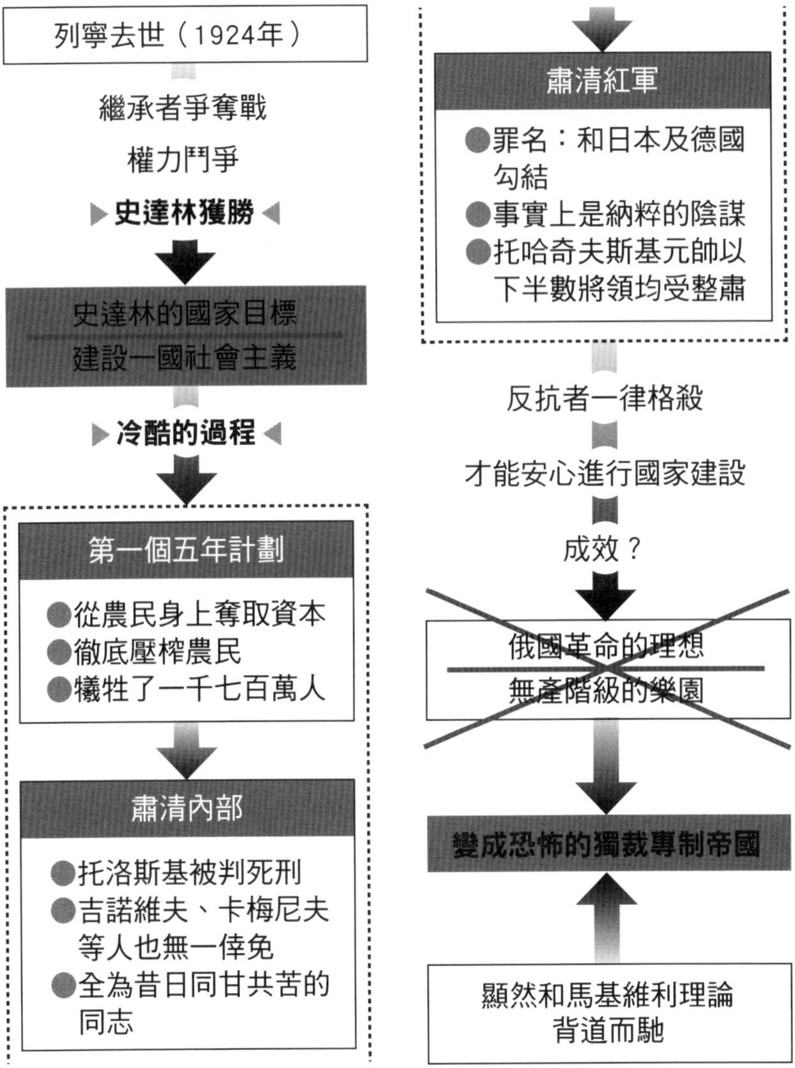
列寧去世（1924年）
繼承者爭奪戰
權力鬥爭
史達林獲勝
史達林的國家目標
建設一國社會主義
冷酷的過程
第一個五年計劃
●從農民身上奪取資本
●徹底壓榨農民
●犧牲了一千七百萬人
肅清內部
●托洛斯基被判死刑
●吉諾維夫、卡梅尼夫等人也無一倖免
●全為昔日同甘共苦的同志
肅清紅軍
●罪名：和日本及德國勾結
●事實上是納粹的陰謀
●托哈奇夫斯基元帥以下半數將領均受整肅
反抗者一律格殺
才能安心進行國家建設
成效？
俄國革命的理想
無產階級的樂園
變成恐怖的獨裁專制帝國
顯然和馬基維利理論背道而馳

4 背信忘義是被允許的

● 能夠成就豐功偉業的君王，大都是不考慮誠信義理，懂得狡猾欺術之人。
● 身為君王者必須勇猛如獅、狡猾如狐，懂得避開陷阱，威嚇狼群。
● 身為君王者處在非常時期，有時必須背棄誠信、慈悲、人性、宗教。
● 儘可能不偏離善的範圍，但是必要時，必須懂得鑽入邪惡領域的手段及策略。
● 身為君王只要能以勝姿維持政權，一切的手段將會被視為正當而且受到稱讚。

成功的君王，濃縮馬基維利的想法是——勇猛如獅、狡猾如狐，懂得欺詐之術的人。這些人在非常時期會捨信義、棄慈悲，進入邪惡的領域。成功之時，因「勝者為王，敗者為寇」的道理，其一切行為即被正當化、合理化。

但是馬基維利的這番見解，並不表示他認同背信忘義的行為。大家千萬別忘了，如此做的大前提是在「非常時期」。即使在日本的戰國亂世，也處處可見正義。而構成正義的重要元素，就是守信義重然諾。

◇織田信長不守信諾，淺井長政斷其退路

日本戰國時代就有一因不守誠信，而讓自己陷入窘境的例子。

元龜元年（一五七〇年），織田信長以將軍足利義昭的二條城完工落成，邀越前太守朝倉義景（1533～1573，戰國諸侯）前來京都祝賀。但是朝倉義景置之不理。此舉讓信長找到了攻打朝倉的藉口。於是信長聲稱為保護京都，派了三萬大軍攻打越前。但是他忽略了一個大問題。

那就是朝倉和同盟國北近江淺井長政的關係。淺井家當年逐放國主京極氏，奪取北近江六郡時，曾得朝倉家大力支援，自此之後，兩家的關係即格外親密。

永祿十一年（一五六八年），信長的妹妹阿市嫁給長政，兩家結為同盟之時，信長曾出示一封信函，信函中寫的「朝倉家全權委任淺井家」。因此當信長決定攻打越前時，客將德川家康等將領向信長建議「理應向淺井打個招呼」，但是卻被信長「這樣反而會讓淺井感到困擾」，擋了回去。

結盟之時，信長才剛平定尾張一國，其勢力和北近江三十九萬石的淺井長政相當。但此刻的信長已擁有尾張、美濃、伊勢、伊賀及畿內的二百五十萬石，所以他傲慢的認為，區區一個淺井對他構不成威脅。於是織田的大軍一口氣攻進了越前，占領了最前線的基地手筒山及金崎兩個城池，然後朝著朝倉的根據地一乘谷而進。

淺井長政（1545～1573）

擁有北近江六個郡，小谷城城主。娶信長的妹妹阿市為妻，並和信長締結盟約，成為同盟國。因為信長無端攻打越前朝倉家，憤而背叛信長。一五七三年，為信長在「姉川戰役」中大敗。長女茶茶（淀君）為豐臣秀吉的愛妾，次女及三女也都是歷史上的名女人，三人的命運都充滿了傳奇色彩。

君王和誠信

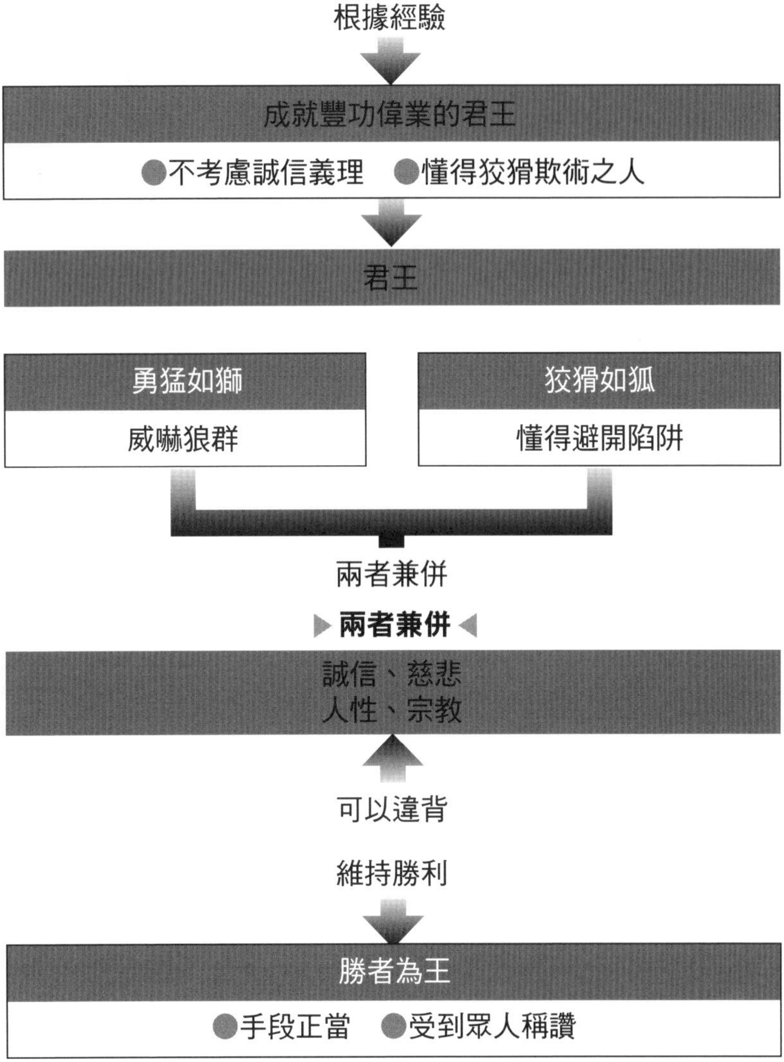
根據經驗
成就豐功偉業的君王
●不考慮誠信義理　●懂得狡猾欺術之人
君王
勇猛如獅
威嚇狼群
狡猾如狐
懂得避開陷阱
兩者兼併
兩者兼併
誠信、慈悲
人性、宗教
可以違背
維持勝利
勝者為王
●手段正當　●受到眾人稱讚

得知訊息後的淺井家如同青天霹靂，紛嚷騷動。曾反對和織田結盟的長政父親淺井久政及老臣們見此良機，硬是一起要求長政背棄盟約，解救朝倉。見多識廣、深愛著阿市的長政則希望，能由他出面當和事佬化解狼煙。但是在父親及重臣們異口同聲的要求下，長政終於決定和信長斷絕關係。

接到放棄盟約通知的信長十分錯愕。雖然他並不十分重視淺井家的力量，但是對於長政這位義弟卻始終深信不疑，所以做夢也沒想到長政會選擇叛離。對於自己不守承諾的事，織田信長卻束之高閣不予理會，表現得十足自私而任性。然而長政的叛離形同截斷了信長的退路，讓信長成了甕中之鱉。

因此，信長只得下令全軍撤退，帶著松永久秀及少數的近臣，逃回京都。

◆不偏離善的範疇

這一導火線後來引爆了「姉川會戰」。織田信長在此一戰役中，大勝朝倉家和淺井家的連合軍隊，但還是中了足利義昭將軍的計策，被本願寺、武田家、淺井家、朝倉家的大兵團團包圍成了甕中鱉，嚐盡苦頭。

為義弟長政的叛離震怒異常的信長，在滅了淺井及朝倉之後次年，也就是天正二年（一五七三年）的正月新年慶祝宴席上，將朝倉義景及淺井父子的首級塗上漆當作菜餚，以為洩恨。

言歸正傳，我們再把主題拉回誠信之上。任何交易均始於誠信，但是，馬基維利說君王在非常時期，必須毅然採取背信忘義的行動，而織田信長卻是個例外。因為他脫離了馬基維利所強調的正道——儘可能不偏離善的範疇。

我們仔細酌量馬基維利的教義後，就會明白信長在攻打越前之前，應該先取得淺井家的諒解。這麼做的話，或許可以避開後來陷入窘境的命運。

姉川會戰

一五七〇年，以近江為戰場的戰役。也是織田信長、德川家康與朝倉義景、淺井長政的戰爭。一開始，淺井家的兵力雖不多，但是個個勇猛無比，織田大軍幾乎招架不住。隨後在德川兵力的支援下挽回劣勢，朝倉和淺井敗戰而去。朝倉家和淺井家在這場戰役中，失去過多勇將猛兵，此後再也無力和信長對抗。

（朝倉開始攻擊）

●淺井家憤怒
●背棄盟約

截斷信長的退路

大軍退出金崎城

●信長狼狽逃走　●後衛軍秀吉勇敢奮戰

之後，信長受到包圍，陷入苦戰

因信長違背信義

不論任何時代，都必須講求信義

信長的失敗

攻打越前的朝倉家

↓

疏忽一大問題

↓

朝倉家和北近江淺井家的關係

↓

淺井家和朝倉家

- 信長的妹妹市姬嫁給淺井長政
- 淺井家和朝倉家關係特別
- 信長曾公開將朝倉家的問題委託淺井家

↓

德川家康及家將提醒要事先告知淺井家

↓

（遭信長擋回）

↓

理由

- 原則話（藉口）：事先告知反讓淺井為難
- 真心話：輕視淺井家的力量（250萬石ＶＳ39萬石）

5

必須避開輕蔑和憎惡

● 身為君王者必須懂得避開會招惹憎惡、輕蔑等之事務。
● 只要能避開這些，就等於盡到職責。即使捲入是非惡評當中，也不會碰到任何危險。
● 最惹人憎惡的行為，莫過於強行奪取臣民的財產、妻女等。這一點必須謹而慎之。
● 最易招人輕蔑的態度是虎頭蛇尾、輕薄、娘娘腔、窩囊、結巴、優柔寡斷。

◆ 要攻擊德高望眾者並不容易

馬基維利在談君王的資質時認為，君王為了統治國家，必要時所採取的大逆不道手段是被允許，且會獲得諒解的。但是絕對要避開招惹「憎惡」及「輕蔑」的所有態

避開輕蔑與憎惡

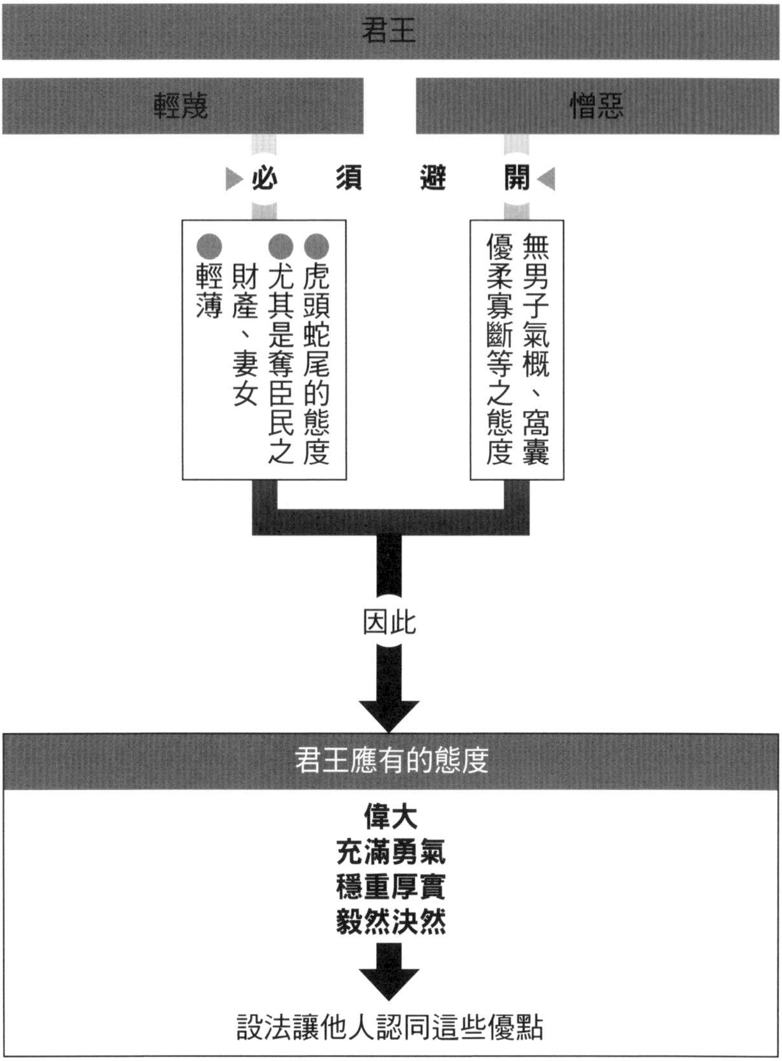
君王
輕蔑
憎惡
必須避開
●虎頭蛇尾的態度
●尤其是奪臣民之財產、妻女
●輕薄
無男子氣概、窩囊
優柔寡斷等之態度
因此
君王應有的態度
偉大
充滿勇氣
穩重厚實
毅然決然
設法讓他人認同這些優點

度。他還以多位羅馬皇帝及當代的侯、伯爵們的實例詳加說明。

只要能夠堅持前面所提出之注意事項，集好風評於一身的君王，就能夠博得好名聲。要對擁有好聲名的人施加陰謀，展開攻擊是非常困難的。反之，出身皇家貴族、弱冠之年即帝位，在眾人尊敬及寵愛之下展開政治生涯之君主，在成年後，露出人格破綻、行為乖張、姿睢暴戾。讓人民憎惡，終至受人輕蔑、自掘墳墓。暴君尼祿[1]的一生就是最好的寫照。對現代人而言，尼祿儼如暴君的代名詞。

暴君尼祿

滅了宿敵安東尼[2]、克麗奧佩脫拉[3]夫妻，讓羅馬世界長期紛爭畫下休止符，為國內帶來安定和秩序，創造了「羅馬和平」（PAX ROMANA）的英雄奧古斯都[4]，並未因此而讓他的繼承人收到佳惠。

奧古斯都在位時，將曾嫁給自己心腹的阿格里帕[5]將軍為妻的女兒優利亞，再嫁給自己的續弦妻子所帶過來的兒子提比略[6]為妻，並決定由提比略為繼承人。西元十四年，奧古斯都駕崩，提比略繼位。提比略受不了整日為內憂外患所忙，遂將帝位傳給曾孫卡利古拉[7]。卡利古拉因為殘暴、奢靡、行徑瘋狂而遭近衛兵暗殺。於是提比略的外甥，也就是卡利古拉的叔叔克勞狄烏斯[8]即捐大量的金錢給近衛軍團，因而成為羅馬帝國的第四代皇帝。

羅馬和平（羅馬全盛時期，BC27～AD184）

滅了安東尼及克麗奧佩脫拉的屋大維（Octavianus），當上了羅馬帝國的第一代皇帝後，即將軍備削半，致力於和宿敵帕提亞王國（Parthia，阿拉伯海東南方一古王）和平共存，並安撫日耳曼（Germania）、伊斯巴尼亞（Espana，西班牙），終於讓羅馬擺脫了長達一世紀的動亂。羅馬的全盛時期，史稱羅馬和平。

克勞狄烏斯美豔的妃子美莎莉娜（雖貴為皇妃，卻像娼妓）琵琶別抱後，又娶了卡利古拉的妹妹阿格麗派娜[9]為妻。不久之後，阿格麗派娜毒殺了克勞狄烏斯，讓皇子尼祿登上皇位。那時尼祿才十七歲。而尼祿的家世更是顯赫。他是羅馬第一代皇帝奧古斯都的玄外孫、名將阿格里帕的曾外孫、安東尼和克麗奧佩脫拉的曾孫。

初即帝位的尼祿，在哲學家塞內加[10]的輔佐下，是個熱心文學勤於政治的好皇帝，但是在血緣的作祟下，卻逐漸露出本性。尤其將塞內加逐放之後，他的舉止越發瘋狂。只要是他不喜歡的臣子、將軍等一律處死。此外他還沈迷於劍鬥士的死亡競技，並縱情於情色當中，已然是個暴君。尤其對於女色，尼祿幾乎到了無所不用其極的地步。他霸占了好友奧圖將軍的妻子波比亞．沙費娜；為了和波比亞結婚，他還殺了自己的妻子，也就是養父克勞狄烏斯女兒奧克塔維亞（Octavia）。

馬基維利一直叮囑勿奪臣民財產、妻女的大忌，尼祿竟然全都視而不見恣意妄為。

其中最令人驚訝的是，他的母后阿格麗派娜，為了害怕自己的兒子尼祿被別的女人所奪，又擔心自己失去權勢，竟然情挑尼祿，企圖擾亂綱常充任尼祿的情婦。後來尼祿派刺客殺害了阿格麗派娜，但是當尼祿看到母親全裸的美麗遺體時，卻表示後悔未和母親通姦。尼祿諸多暴行中，最有名的就是「焚燒羅馬城」。

◇讓民眾憎恨，遭來造反的悲劇

自詡為大詩人的尼祿，為了尋求刺激的新題材，竟然命心腹家臣放火焚燒羅馬街市。這一場火整整燒了六天六夜，尼祿就盯著熊熊烈焰大作其詩。後來眼見事蹟敗露，遂將此一暴舉嫁禍給基督教徒，並伺機大肆鎮壓。此舉自然遭來民眾的強烈憎惡，紛紛背離與之為敵。不但如此，連各地軍隊都同仇敵愾舉旗造反。

西元六八年，伊斯巴尼亞總督加爾[11]率大軍攻進羅馬，尼祿在軍隊、朝臣、民眾唾棄背離的情況下迷失荒野，最後在某個洞窟結束自己的生命。那一天是六月八日，尼祿三十一歲。這就是公私皆殘暴、生活荒淫無度，遭來君王最忌諱的民心憎惡、軍隊近臣輕蔑之後的淒涼下場。尼祿的死，造成了創建羅馬帝國的凱撒家族及克勞狄烏斯家族的香煙斷絕，開始羅馬帝國的另一個新世代。

有關尼祿的暴政及對基督教徒進行鎮壓的情形，在波蘭大文豪顯克維支[12]所著的《暴君焚城錄》中有詳細的描繪。

暴君尼祿的一生

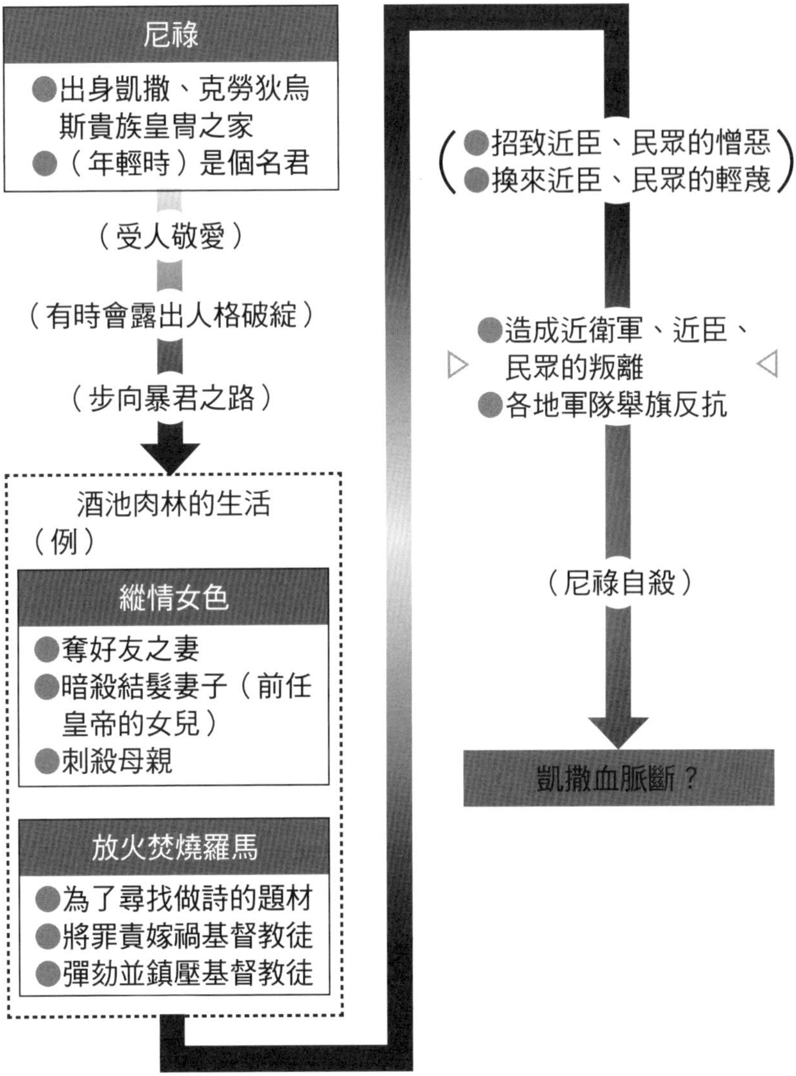
尼祿
●出身凱撒、克勞狄烏斯貴族皇冑之家
●（年輕時）是個名君
（受人敬愛）
（有時會露出人格破綻）
（步向暴君之路）
酒池肉林的生活
（例）
縱情女色
●奪好友之妻
●暗殺結髮妻子（前任皇帝的女兒）
●刺殺母親
放火焚燒羅馬
●為了尋找做詩的題材
●將罪責嫁禍基督教徒
●彈劾並鎮壓基督教徒
●招致近臣、民眾的憎惡
●換來近臣、民眾的輕蔑
●造成近衛軍、近臣、民眾的叛離
●各地軍隊舉旗反抗
（尼祿自殺）
凱撒血脈斷？

1 Nero Claudius Caesar，37～68，尼祿。羅馬帝國第五任皇帝，最初在 Seneca 的輔佐下履行仁政，後來處死其母及妻，迫害基督教徒，成為暴君。

2 Marcus Antonius，安東尼，BC82～BC30，凱撒的武將之一。

3 Cleopatra，克麗奧佩脫拉（BC69～BC30），古埃及托勒密王朝的末代女王，凱撒及安東尼的情人。

4 Gaius Julius Caesar Octavianus，奧古斯都，BC63～AD14，羅馬帝國的第一代皇帝。

5 Marcus Vipsanius Agrippa，阿格里帕，BC63～BC12，古羅馬政治家、軍人。

6 Tiberius Claudius Nero Caesar，提比略，BC42～AD37，古羅馬第二代皇帝；奧古斯都的女婿。

7 Gaius Caesar，卡利古拉，37～41。

8 Tiberius Claudius Drusus Nero Germanicus，克勞狄烏斯，BC10～AD54。

9 Agrippina the elder，阿格麗派娜，BC13～AD33，阿格里帕的女兒，卡利古拉的妹妹，克勞狄烏斯的妻子。

10 Lucius Annaeus Seneca，塞內加，BC4～AD65，羅馬斯多葛派哲學家，政治家，尼祿的老師，因受暗殺尼祿案的牽連而被賜死。

11 Servius Sulpicius Galba，加爾巴，BC5～AD69，舉兵反對尼祿，尼祿死後成為羅馬皇帝。

12 Henryk Sienkiewicz，顯克維支，1846～1916，作品《暴君焚城錄》（Quo Vadis）獲一九〇五年諾貝爾文學獎。

《暴君焚城錄》（Quo Vadis）

以尼祿的殘暴治世和基督教發展史為舞台背景，描繪年輕羅馬將軍和虔誠信奉基督的莉奇雅公主之間純純戀曲的宮廷小說。最經典的畫面為耶穌基督現身於忍受不了暴力鎮壓，企圖脫離羅馬的使徒彼得面前，驚訝的彼得開口問說：「Quo Vadis Domine。」（主啊，我們該何去何從？）

第6章

如何確保政權

——維持政治體系——

1 適當處理通敵者

● 新君即位執政時，都會先整頓軍備。
● 君王為了征服國家、禁止舊勢力對新君王的反抗，絕對不能任其處於分裂狀態。
● 進行征服時，如果有人支持或是採取通報等舉止，務必弄清楚該人的居心及理由。
● 為了維持安全的政權體系，最常見的手法就是建設城堡要塞。

馬基維利以當時義大利君王的作為為例，指示征服舊政權、組織新政權的君王，為維護政權所應準備的萬全之策，全都在上述的數個關鍵重點中了。

在日本，最典型的例子就是「關原會戰」。因為以「關原會戰」做為開國契機的德川幕府，建國之後總共維持了近二百六十年的太平盛世。現在就讓我們來對照關原會戰之後，德川家所採取的政策和馬基維利所提示的各重點。

統治所奪取的新政權

根據經驗法則，此事例為第一優先

↓

▶ 即可維持安定的政權 ◀

一、確立軍備

根據經驗法則，此事例為第一優先

二、安定所征服的都市秩序

不可分割統治：不安定

三、適當處理內奸等通敵者

對通敵的理由（居心）等做適當處理

四、建設城堡要塞

維持政權的據點

↓

即可維持安定的政權

保持直轄領地四百萬石及壓倒性兵力的家康

首先，我們來看軍備。當時軍備＝領地＝石數（穀物收成數量）。德川家康是豐臣秀吉底下最強的諸侯，鎮守關東，擁有二百五十萬石的收入。當時豐臣秀吉的直轄地收入還不及德川家康，只有二百萬石。

關原會戰後，家康旋即徵收或是減少敵對諸侯的領地，重新分配。結果，屬於德川家的直屬領地一躍為四百萬石，加上新提拔而成為諸侯及家臣們的領土，合計戰力為八百萬石。當時全國的總石數量約為一千六百萬石，換句話說，全國有半數的戰力都掌握在德川家的手中。

接著，德川又利用相互鉗制的手法，進行協調及分割統治。馬基維利以義大利為例，認為對所征服的都市進行分割統治，會讓政情不穩並讓別的國家有機可趁，所以他反對分割統治。

但是德川家康怎麼做呢？關原會戰後，他除了賞罰分明沒收或減少了敵對者的封地，及犒賞效忠並勇敢作戰的人外，他還將這些人區分為親藩、譜代及外樣。親藩給與豐厚的俸祿、派駐重要地方；譜代大名則讓他們身居幕府的老中[1]、若年寄[2]、各奉行[3]等要職，但是薪俸並不高；有能力的外樣則給與高薪或者是視他們為親戚，滿足他們的自尊心，但是卻將他們封死在偏遠地方，以防勢力壯大。

四百萬石

家康取得天下後，擁有先前豐臣秀吉所給的關八州以外，還靠自己的力量奪取了三河、駿河、遠江、甲斐等直轄領地。並稱直轄領地可動員的八萬人馬為「旗本八萬騎」。這四百萬石再加上親藩、譜代大名等的四百萬石，形同擁有當時全國過半的武力。

◇把握秀吉遺臣們分裂的好機會

另外，馬基維利在第三點中所強調，要弄清楚對方支持者的居心也非常重要的。

德川家康取得天下後，其聲名及力量當然隨之水漲船高。但是其中最大的因素是德川掌握了豐臣秀吉家臣分裂的大好時機。德川家康平日即非常關照受到石田三成[4]等文治派排斥的武斷派人物加藤清正[5]等人。在關原會戰發生之時，德川就是靈活運用了加藤清正這些人的力量才得以獲得全勝。擁護家康的豐臣秀吉遺臣們大致可以分成三派。

第一派，完全迎合時代潮流並以家康為馬首是瞻的藤堂高虎[6]、細川忠興[7]、黑田長政[8]等。第二派，雖效忠豐臣家，但因憎恨石田三成轉而投向家康的福島正則[9]、加藤清正等。第三派，沒有主見，見家康得利就靠攏過來的山內一豐、最上義光等。

家康對這些人的居心都摸得透透徹徹。戰後論功行賞之時，他們每個人都獲得了豐厚的賞賜。但是不久之後即遭嚴格的個別對待。也就是說，真正獲得家康信賴的藤堂、黑田、細川、淺野等人受到重用，而因對石田三成有恨才轉投家康的加藤、福島等人則遭到百般刁難與挑剔。

四、在各處設據點

- 直轄領地：江戶周邊
- 全國要地：分置親藩、譜代代名
- 別重要的樞紐地區
  - ‧設京都所司代
  - ‧大坂城代
  - ‧長崎奉行
- 外樣大名
  封死在偏遠地方

↓

▶ **確立幕藩體制** ◀

↓

德川300年的治世（PAX TOKUGAWANA）

▶ **超安定的統治**
世界罕見 ◀

德川幕府 300 年的安定

關原會戰

大坂戰役

↓ 德川家掌握政權

主要政策

一、強大的軍備

- 直轄領地400萬石（旗本八萬騎）

\+

- 親藩、譜代400萬石

二、諸大名政策

- 將大名區分為親藩、譜代、外樣
- 配合上列之區分，給與封地或職
- 配置封地

三、適當安排擁護自己的大名

- 優厚真正擁護自己的人
  - ‧例如黑田、細川、藤堂、淺野等人
- 先給賞賜再伺機刁難擊破
  - ‧例如福島、加藤等人。

◈德川三百年

最後一項是建築城堡要塞。為了維護行政體系，德川幕府在各處幾乎都設置了據點。家康對據點的設置安排的極為巧妙。首先，他將自己的創業基地，也就是位於自己封地關八州內的三河、駿河、遠江、甲斐合併為一大直轄領地鞏固現狀；然後在京都設京都所司代監督朝廷，並將兒子們配往尾張、紀伊設立親藩鞏固日本正中央部位的核心勢力。

至於偏遠的地方，他把實力堅強的兒子派到越前和越後，藉以孤立加賀前田家，水戶地區也同樣安排兒子進駐，防備在仙台把關的伊達政宗。在山陽道則起用女婿池田輝政（1564～1613，武將）為播磨五十二萬石的姬路城城主，監視福島及毛利。另外，他還把最信賴的黑田長政安置到筑前福岡，把細川忠興安置在豐前小倉，讓平日水火不容的兩人相互鉗制，藉以鎮壓九州地方。

由這些安排來看，即可發現德川將豐臣體制轉移到德川幕府體制的過程中，所採取的方法和馬基維利的論調幾乎是一致的。也因此，德川才能為後來近三百年的治世，奠定穩定的基礎。如果把上述這些重點，反應於現在的合併企業上，不就是企業營運時的最佳管理教戰原則。

1老中：江戶幕府的職務名稱，為擁有最高地位及資格的執政官。幕府中固定會有四、五位老中。

2若年寄：江戶幕府的職務名稱，為輔佐老中的樞機。

3奉行：武家時代的職務名稱。德川幕府總共設了十二奉行。

4石田三成：1560～1600，安土桃山時代的武將，五奉行之一，關原戰敗後被斬首。

5加藤清正：1562～1611，安土桃山時代的武將，關原戰後，靠德川成為肥後五十二萬石領主。

6藤堂高虎：1556～1630，江戶初期武將，關原戰後，因家康而獲伊勢、伊賀等三十二萬石風土。

7細川忠興：1563～1645，江戶初期武將，關原戰後，成小倉四十萬石的領主。千利休門下七哲人之一。

8黑田長政：1568～1623，江戶初期武將，關原戰後，成筑前五十二萬石領主。

9福島正則：1561～1624，江戶初期武將，關原戰後，成安芸、廣島五十萬石的領主。

2 只要能成就大業就能受到尊敬

● 君王創就一番偉大的事業後，就要別人以自己為典範，是無法提高聲名的。
● 關於內政，如能做特殊的示範，對君王而言助益良多。
● 君王能夠毫無忌憚明確表明敵友立場，即會得到他人的尊敬。
● 欠缺判斷力、旗幟不夠鮮明的君王只想到迴避當前的危機，所以大部份的人都會選擇中立，進而走向毀滅之路。

馬基維利以西班牙的斐迪南二世（Ferdinand II，1452～1516）為例，認為他是獲得聲名的君王典範。理由是斐迪南二世原為伊比利半島上小國阿拉貢（Aragon）的國王，後來卻能夠統一西班牙，並成為基督教徒中的第一國王。

在日本，當然首推德川家康。德川家康的人生，有一半都是在委屈服從及忍耐的伴隨下走過來的。德川出生三河豪族，為松平廣忠的長子，由於父親長年在三河地方和西邊尾張的織田及東邊駿河的今川相互競爭，導致家道中落而淪為今川的屬國。天文十六年（一五四七年），被當作人質送往駿河途中的家康，竟然被家臣戶田康光賣到了織田家。兩年後，織田家為交換戰俘又把他當人質送到駿河今川家。今川家的將士還以「三河無住處」諷刺他的人質生涯。但是家康卻在多年的人質生涯中學習到了許多。其中最能顯現他的特性的就是忍耐。

另外，今川義元（1519～1560）的軍師太原雪齋禪師也慧眼識英雄，教授他帝王之學。最重要的是，家康也因而和忍受今川家頤指氣使及勞力搾取的家臣及三河出身的武士，有了更深的接觸。

因誠實而博得信用的家康

永祿三年（一五六〇年），今川義元戰死於「桶狹間合戰」中，家康（當時名為松平二郎，人稱三郎元信）返回老家三河岡崎獨立，並和勝利者織田信長締結「清洲同盟」，甘願屈於下風在信長之下做一個忠實小弟。天正十年（一五八二年），信長在「本能寺變」中遭明智光秀殺害，讓家康不得不再次屈從於大不如他的豐臣秀吉之下。

但是家康仍然謹守和信長的盟約，並從秀吉的臣子們中獲得許多的財產。這是因為家康藉著誠實，為自己爭取到了別人的信用，因為人人都說：「家康城主是個正直規矩的人。」

君主的聲名

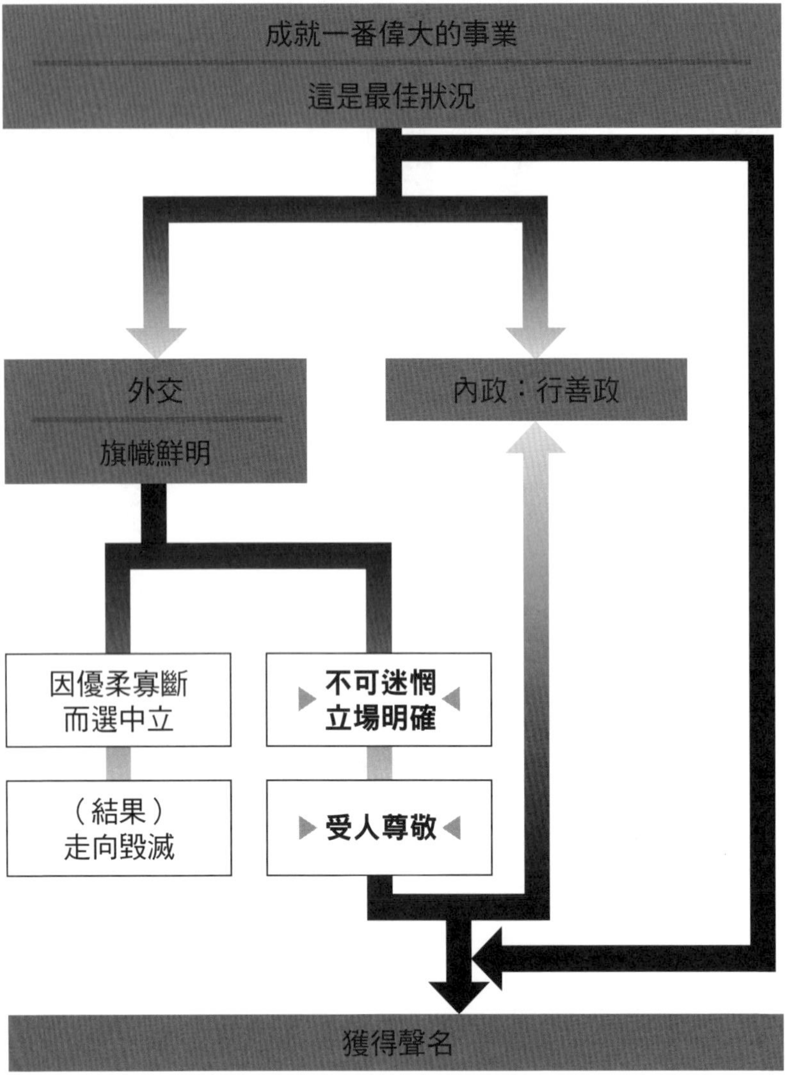
成就一番偉大的事業
這是最佳狀況
外交
旗幟鮮明
內政：行善政
因優柔寡斷
而選中立
不可迷惘
立場明確
（結果）
走向毀滅
受人尊敬
獲得聲名

信長雖然和家康締結同盟，但是在信長眼中，家康只不過是自己對抗天敵武田家的最佳屏障，故而總是無情驅使。天正元年，隨著武田信玄的西上發生了「三方原合戰」，家康岌岌可危，可是信長卻見死不救。另外在天正七年，信長還親自下令殺害家康的正室築山夫人及兩人所生的兒子信康，只因信康有和武田勝賴共謀之嫌。這件事是家康永遠的痛。

信長雖然如此對待家康，但是家康對信長卻始終忠實如一。此一同盟關係在織田信長死後仍然維持了二十年之久，堪稱是戰國時代的美談之一。

另外，家康也曾擁信長的遺孤織田信雄舉旗反抗，對付繼信長之位後大為擴展的豐臣秀吉；而且在「小牧．長久手戰役」中破秀吉大軍報得一箭之仇。所以家康不但有正實的名美，還因此博得野戰專家的盛名。

後來，物換星移經過許多的人事變遷，家康成了秀吉旗下最重要首席大名。

累積忍耐提高聲名

家康最大的危難，就是小田原北條氏。盤據在關八州的北條氏政、氏直父子瞧不起秀吉是個一步登天的人，因而對上洛命令（到京都）充耳不聞。

由於北條氏直的妻子正是家康的女兒，所以即使家康被疑和北條家共謀不軌，家康也只能莫可奈何。雖然家康費盡口舌，企圖說服氏政父子和秀吉維持友好關係，但

信康

是德川家康和正室築山夫人（今川義元的姪女兒瀨名）所生的兒子。一五七九年，被污指個性粗暴，和武田勝賴共謀不軌，而遭信長下令切腹身亡。但也有一說是，信長因信康的武將資質遠超過自己的嫡長子織田信忠，而嫁禍剷除信康。這是家康一生最深切的痛。

家康的聲名

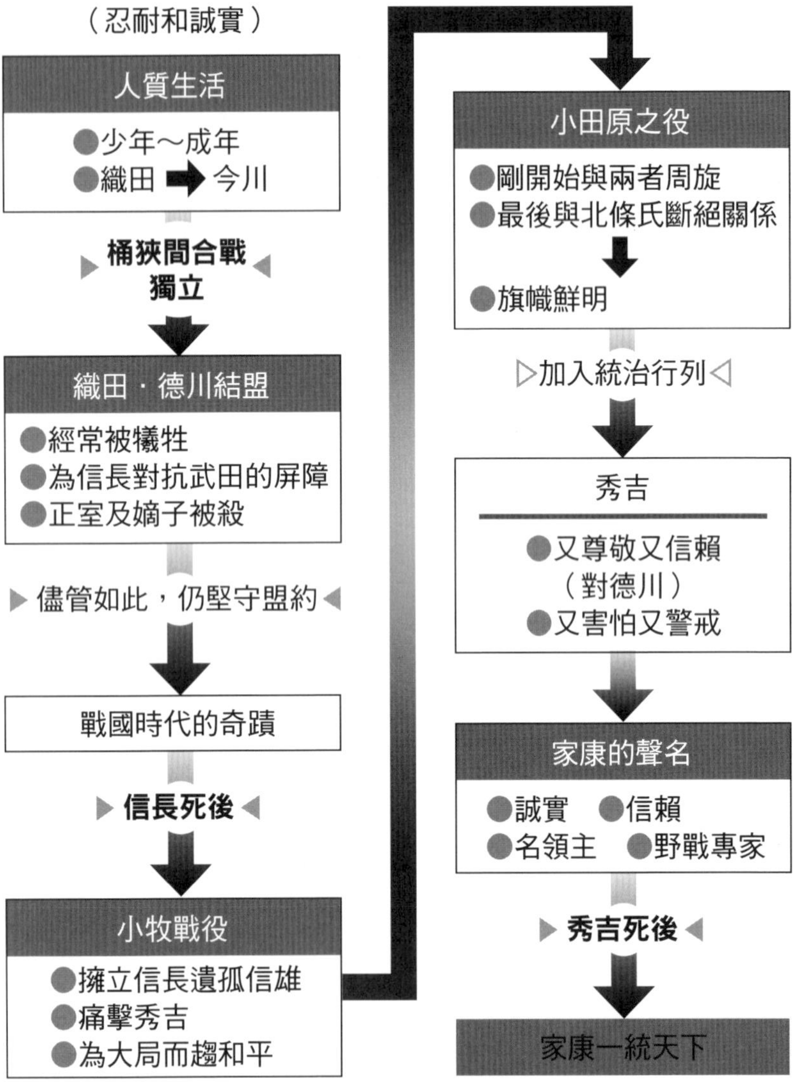
（忍耐和誠實）
人質生活
●少年～成年
●織田 ➡ 今川
桶狹間合戰
獨立
織田・德川結盟
●經常被犧牲
●為信長對抗武田的屏障
●正室及嫡子被殺
儘管如此，仍堅守盟約
戰國時代的奇蹟
信長死後
小牧戰役
●擁立信長遺孤信雄
●痛擊秀吉
●為大局而趨和平
小田原之役
●剛開始與兩者周旋
●最後與北條氏斷絕關係
●旗幟鮮明
加入統治行列
秀吉
●又尊敬又信賴
（對德川）
●又害怕又警戒
家康的聲名
●誠實 ●信賴
●名領主 ●野戰專家
秀吉死後
家康一統天下

是氏政父子始終冥頑不靈。最後家康只好死心斷念與之斷絕關係，並在攻打小田原時自請為先鋒，讓自己旗幟鮮明立場確定。降伏北條氏之後，更因秀吉之令，放棄自己苦心經營的根據地三河、遠江、駿河、甲斐、信濃，移往北條氏的大本營關八州，結果卻在關八州培植出強大的勢力。

一旦結盟即恪守盟約，表現的是誠信，上了戰場即蛻變成最強的弓箭手，出其不意痛擊秀吉，表現的是野戰的技術。面對內政毫不手軟，硬是將秀吉所指定的江戶大草原，建設成全國最大的都市，表現的是行政的能力。

馬基維利說，君王成就一番大事業之後，即以自己做為模範，是無法提高聲名的。如前所述，不怨天尤人隨著上天給的命運腳踏實地向前邁進所累積的聲名，及靠自己的力量得到天下而奠定德川三百年治世的家康，不就正是馬基維利所青睞的人物。

3 傑出的親信決定君王的價值

● 對君王而言，選擇親信是非常重要的。適任與否，全在於君王是否有知人之明。
● 當親信有才能又忠實時，這個君王便是明君。
● 要分辨適任與否，就看他們是否會因為追求私人的利益，而將君王掠在一旁。
● 如果他們的心中時時刻刻都有君王的存在，君王就應該投桃報李給與相符的名聲、地位或錢財等等，以表他們的忠誠。

馬基維利筆下的「親信」，範圍極為廣泛，包括了軍師、參謀長、參謀、秘書長、副官等等心腹人物。但是在這裡我想將目標只鎖定在君王身旁的輔佐角色，能否擁有一位傑出的親信，即可決定君王的價值，所以選擇親信是非常重要的。

一位傑出的親信所必備的條件，就是以無私的精神做到公而忘私。而君王也應該對這種親信給與身心兩方面的報酬，把人留在身邊為自己所用。

在歷史上我們可以找到不少符合馬基維利所說的，擁有理想關係的君王和親信。

鐵血宰相
這是俾斯麥（Otto (Educard Leopold) von Bismarck）的綽號。一八六二年召開「普魯士會議」，當擴充軍備案遭到否決時，俾斯麥大膽斷言：「現在的棘手問題，不是靠言論或者是多數表決可以解決的，而是必須靠鐵與血！」接著他斷然凍結會議，並進行軍備的擴充。從那個時候起，俾斯麥就被冠上了鐵血宰相之名。

而其中在西洋近代史中，最有名的就是德國皇帝威廉一世和宰相俾斯麥的關係。

◇創造歐洲安定和均衡的俾斯麥

一八七一年一月十八日，當普法戰爭正展開最後的巴黎攻防戰，普魯士國王威廉一世（William I，1797～1888）正在巴黎郊外的凡爾賽宮，接受德意志諸王的擁戴，登上德意志皇帝的寶座。

威廉一世之所以有如此的光環，是因為當他還只是普魯士國王的時候，藉著「普奧戰爭」將高唱大德意志主義的奧地利，趕出了德意志，後又藉「普法戰爭」，讓企圖干涉德意志而想坐收漁人之利的法國皇帝拿破崙三世（Charles Louis Napoleon Bonaparte III，1808～1873）豎旗投降，創建了德意志帝國。而事實上，創建德意志帝國真正的主角，是有鐵血之稱的普魯士王國首相俾斯麥。

德意志帝國成立後，俾斯麥即將重心放在防堵企圖捲土重來的法國上。

首先，他利用一八七二年訪問奧地利皇帝法蘭茲．約瑟夫（Franz Joseph，1830～1916）和俄國沙皇亞歷山大二世（Alexander II，1818～1881）的機會締結「三皇同盟」，成功破壞均衡原則，將法國孤立於一隅。

一八七八年，土俄戰爭後所簽訂的〈聖斯特凡諾條約〉（Treaty of Sanstefano）讓土耳其的存亡岌岌可危，英俄因而產生激烈的對立；於是俾斯麥介入調停召開了柏林

德意志帝國

一八七一年，普魯士國王威廉一世受到德意志各邦的擁戴，成為德意志皇帝。普魯士國王為世襲皇帝，使用普魯士憲法，軍事和外交由皇帝負責，其他則由宰相掌權。第一次世界大戰後解體。

君王的親信

君王

對於親信的選擇非常重要

- 看親信就知道君王的水準
- 親近傑出 ➡ 君王英明

分辨親信的方法

看他們是否窮於追逐自己的利益

親信的職責

為君王公而忘私

因此

君王的職責

- 回報親信的忠誠
- 賜與名譽、地位、錢財等

會議。但是俄國對會議的結果並不滿意，遂離開德國靠攏法國。

面對此一危機，俾斯麥當下決定拉攏當時積極進入法國地中海區的義大利，並於一八八二年秘密簽定「三國同盟」，對抗俄國。一八八七年，俄國因為阿富汗共和國（Afghanistan）問題，和英國尖銳對立，俾斯麥又趁機說服俄國再簽署秘密同盟條約。

條約的內容為，當德國對法國、俄國對英國或奧地利、義大利開戰時，兩國均遵守「善意的中立立場」。俾斯麥之所以會這麼做，是基於「三國同盟」的考量。所以此一秘密條約又稱為「再保障條約」或「雙重保障條約」。總之俾斯麥的外交成績是十分亮麗的。

此後，歐洲即進入安定、均衡的「俾斯麥時代」，德國也才可以安心整頓國內的各種體制、充實國力，奠定德國朝近代化發展的基礎。

順便一提，俾斯麥式的外交，其最大特徵就是「不製造無用的敵人」。德國在這個外交特徵下，將對手只鎖定法國一國，對於其他國家，不是拉攏就是保持中立。

俾斯麥的想法，很值得現代人面對經營管理或者複雜的人際關係時，做為參考。

◆ 放權的威廉一世

俾斯麥之所以能夠無拘無束縱情發揮他的外交手腕，除了本身具有才能外，最重要的是，他遇到了威廉一世。普魯士國王威廉一世氣度宏大，不只欣賞俾斯麥的才華，

皇帝威廉一世和俾斯麥

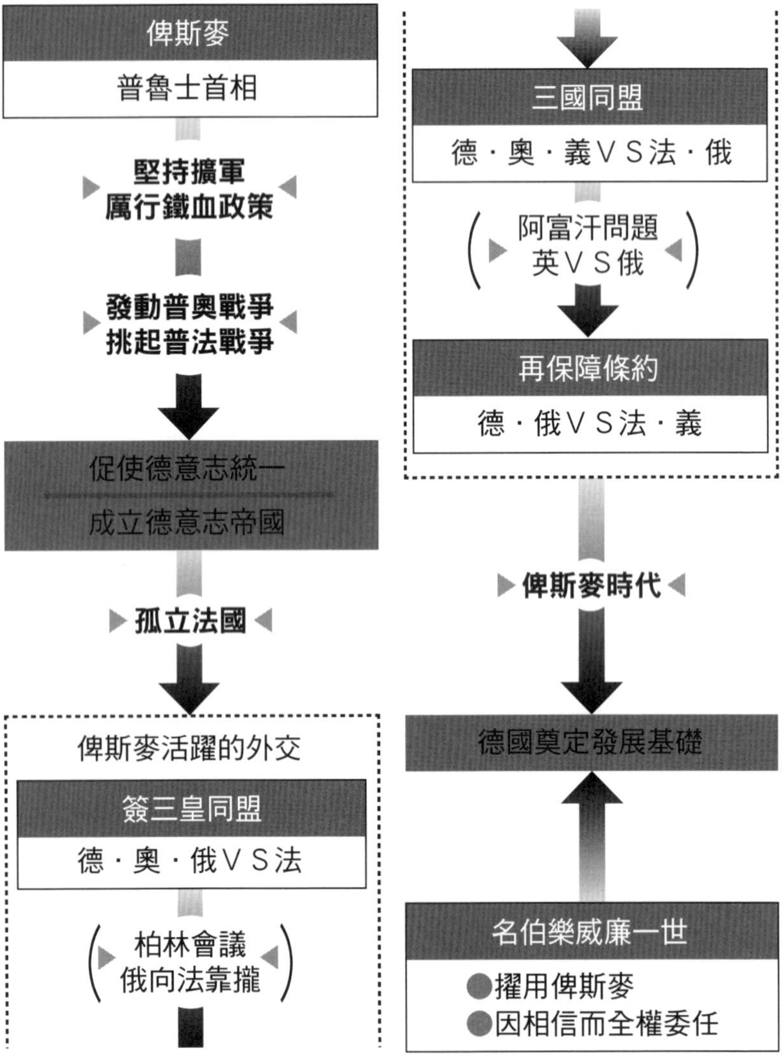
俾斯麥
普魯士首相
堅持擴軍
厲行鐵血政策
發動普奧戰爭
挑起普法戰爭
促使德意志統一
成立德意志帝國
孤立法國
俾斯麥活躍的外交
簽三皇同盟
德．奧．俄ＶＳ法
柏林會議
俄向法靠攏
三國同盟
德．奧．義ＶＳ法．俄
阿富汗問題
英ＶＳ俄
再保障條約
德．俄ＶＳ法．義
俾斯麥時代
德國奠定發展基礎
名伯樂威廉一世
●擢用俾斯麥
●因相信而全權委任

更對俾斯麥深信不疑，進而全權委任。

套句馬基維利的話，懂得選擇俾斯麥為相的威廉，真是英明的君主啊！

但是一八八七年，九十一歲的威廉一世駕崩後，俾斯麥的命運就改變了。

之後，由長子腓特烈三世（Frederick III）繼承皇位，可是不到幾年的光景，即由弟弟威廉二世（William II，1859～1941）即位為第三代皇帝。聰明、霸氣、企圖心強烈、行動派的威廉二世上台後，視內政、外交一把罩的俾斯麥為眼中釘，處處覺得俾斯麥是個阻力。

一八九〇年，兩人關係破裂。俾斯麥雖然憂心德意志的前景，但是也不得不引退。一八九八年七月三十日，俾斯麥走完了八十四年的人生，長眠於領地中的弗里德里斯莊園。他的墓碑上僅刻著簡單的一行字「俾斯麥為吾皇威廉一世的忠僕」。這句碑文真是一語道盡，君王與親信之間充滿信賴的君臣關係。

年輕氣盛的威廉二世，將俾斯麥逐出後，即捨棄俾斯麥苦心經營多年的協調外交，改走積極蠢動的國際政策，結果引爆了第一次世界大戰，讓德意志、奧地利、俄國等帝國踏上大解體的不歸路。

4 遠諂媚逢迎者、聽賢者的聲音

- 君王稍不留意，即會犯此過錯、誤一身。
- 此一過錯無他，就是接近諂媚逢迎者。然而宮廷中處處可見這種人。
- 人一旦姑息自己就易受騙，要遠離此一瘟疫卻困難重重。
- 深思熟慮的君王要從自己的政體中遴選出賢者，並給予獲選者實話實說的自由。
- 君王須常徵求意見，而且各種意見最好來自自己想聽時，而非別人想告訴你時。

君王也有人性上的弱點，被奉承而誤己誤國的例子非常之多。馬基維利認為身為君王者，如果覺得真話刺耳有損心情的話，必遭人輕視得不到尊敬。

因此他叮嚀君王，應該從自己的部下中選出可以相信的賢者，並在自己有需求時、實話實說告知一切。

遠離諂媚逢迎者

君王犯此過錯會誤一生

- 接近諂媚逢迎者
- 這種人宮廷處處可見

（
- 人一旦姑息自己→就易受騙
- 要防患困難重重
）

怎麼辦？

深思熟慮的君王

- 遴選出的賢者可發言
- 君王常渴望賢者發言

◆聆聽意見的武田信玄

在專斷型武將甚多的日本戰國時代，甲斐的武田信玄肯用心傾聽臣子們的意見，算得是罕見的例子。

在武田家中，能夠對信玄進言的，就是一般通稱武田二十四將的老將們。例如擬定作戰計劃時，信玄會交由內藤昌豐來決定；討論對敵國內部進行策略時，則由高坂昌信提出看法；要判斷情勢時就讓土屋昌次主導等等。這正符合馬基維利的論點。但是信玄死後，到了四子勝賴當家時，情形為之丕變。

信玄死時，由勝賴的長子信勝繼承其位，勝賴則任輔政之職。父子倆不論做什麼事，這些老將都會將信玄搬出檯面，讓父子大感屈辱。就是這份屈辱感讓馬基維利所警告的逢迎小人長坂釣閑、跡部大炊助等人大行其道，有了接近主子的機會。於是父子倆甘受甜言蜜語的誘惑，遠離了奉武田信玄遺訓保護武田家的老將們。雙方對立的經典場面，就是發生於天正三年（一五七五年）五月的「長篠之戰」。

這戰役中，武田家的兵馬雖稱剽悍，但卻是以一萬七千人對抗織田信長及德川家康的聯合軍三萬八千人。在戰鬥的前一夜，也就是在五月二十日的軍事會議上，勝賴積極主張痛快迎敵，老將們則主張慎重保持軍力，雙方吵得不可開交。

代表大家表達意見、智勇兼備的名將美濃守馬場信春向勝賴進言說：「避開大軍是作戰的常規。我們先退到信濃，等追擊的敵人將補給線拉長的時候，我們再給予痛

武田勝賴的毀滅

聽信奸臣誤事誤國

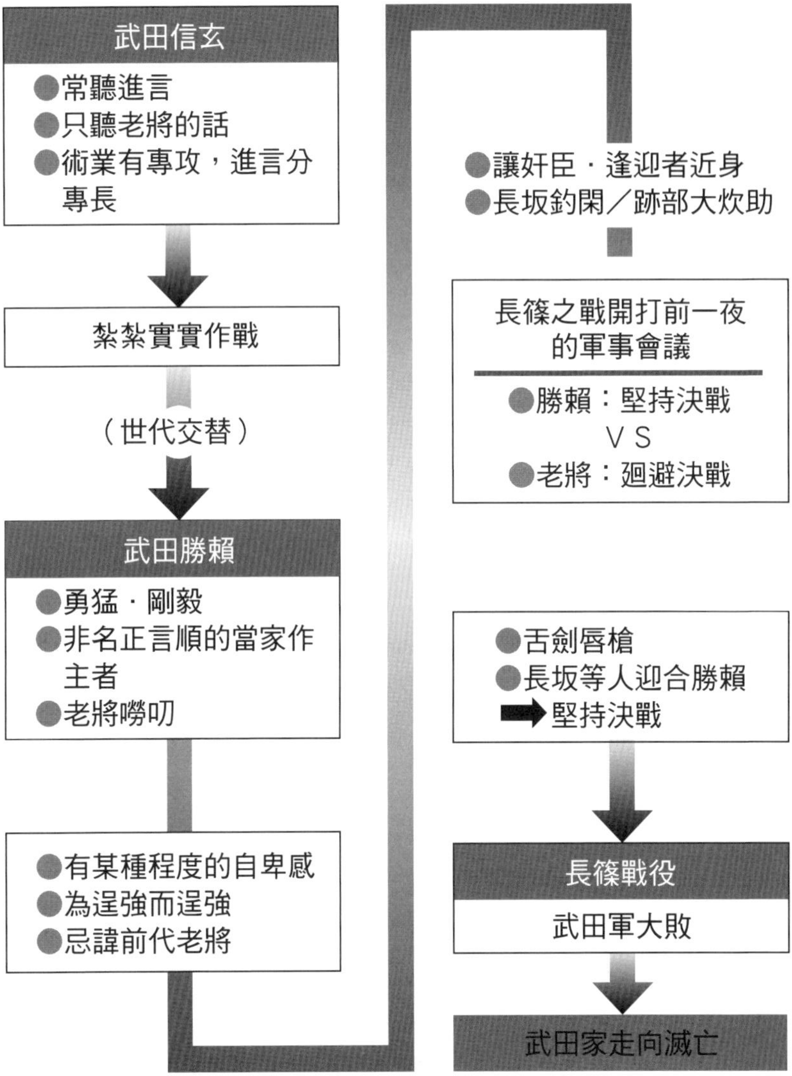
武田信玄
●常聽進言
●只聽老將的話
●術業有專攻，進言分專長
紮紮實實作戰
（世代交替）
武田勝賴
●勇猛・剛毅
●非名正言順的當家作主者
●老將嘮叨
●有某種程度的自卑感
●為逞強而逞強
●忌諱前代老將
●讓奸臣・逢迎者近身
●長坂釣閑／跡部大炊助
長篠之戰開打前一夜的軍事會議
●勝賴：堅持決戰
VS
●老將：迴避決戰
●舌劍唇槍
●長坂等人迎合勝賴
➡堅持決戰
長篠戰役
武田軍大敗
武田家走向滅亡

擊，一定可以獲得大勝……」。

長坂釣閑緊接著以莫名其妙的理由駁斥：「從家祖新羅三郎義光公傳到現在第二十七代，武田家的主人從來不曾以背部示人。馬場大人，你這不是讓勝賴公蒙羞嗎？」結果，勝賴贊成長坂釣閑的看法，而否決了馬場的好計。

只聽甜言蜜語導致武田家滅亡

在莫可奈何的情形下，信春又提出次好對策。信春說：「姑且不計傷亡先攻下長篠城，勝賴公及眾親族即可以此城為據點。我們則渡河到設樂原布陣，只要能堅守就能打持久戰。一旦敵軍將補給線拉長之後，即會放棄長期抗戰而自行撤退。」長坂釣閑又提出反駁說：「信長人稱勇將，他不會這麼輕易撤退的。如果他攻過來了，怎麼辦？」信春回答說：「到那時，我們再迎戰。」長坂釣閑接著說：「敵人攻過來和我們自己打過去有什麼不同？所以我認為我們應該主動攻過去。」一場軍事會議開下來，就只看到舌劍唇槍中毫無結果。

最後被逼急了的勝賴，對著武田家的傳家之寶「御旗」、「楯無」發誓，決定上戰場做一決戰，會議才得以落幕。

決戰的當天早上，不具信心的老將們再度協商之後，由猛將山縣三郎兵衛昌景代表進言，他說：「事到如今，我們已經無法阻止這場戰鬥了。但是我們應該退到後面

御旗

從始祖新羅三郎義光（源義家的弟弟）以來，御旗和鎧甲「楯無」皆為甲斐源氏的統領．武田家的傳家之寶。武田家的當家主人，只要對著這兩樣傳家之寶發誓，無論發生何事均不可取消。武田勝賴就是在「長篠之戰」的前夜，以這種手法擋去老將們的進言力主一戰。戰敗之後，武田家的家運傾倒。

至今完好的長篠城守候，不可渡河攻打。」沒想到勝賴竟回嘴譏諷這位功勳彪炳的老將說：「一大把年紀懂得珍惜生命了！」

盛怒的昌景隨即一口斷定說：「從昨天到現在，我們所說的話如同對牛彈琴。我們都已覺悟為此一戰役捐軀。恐怕連勝賴公也無可倖免吧！」大將們聽罷昌景這席話後，個個懷著悲壯的心情回到各自的陣營。於是決定武田家命運的「長篠之戰」就此揭開序幕。

這場戰役中，靠著靈活運用火槍隊三千人馬，擊敗當時最強的武田騎士軍團的織田信長在戰後說：「如果武田的人馬以河為界在前方等待的話，我們就無計可施了！」而這一感言恰是信春、昌景對勝賴的進言。武田勝賴就是欠缺明辨忠奸的睿智，才會近小人而遠賢臣，導演了一場無法挽回的悲劇。

5 亡國的原因不是命運而是怠惰

- 只要懂得深思熟慮，新君比世襲君王更能安全地鞏固自己的王座。
- 因為新君的一舉一動都是吸引他人目光的焦點，比較能夠以恩義絆住人心。
- 許多義大利的君王之所以失去政權，不是因為命運弄人，而應歸咎於自己的怠惰。

馬基維利以當時的法王路易十二（Louis XII，1462～1515）及西班牙國王斐迪南二世為例。路易十二在位時，米蘭公國為魯多維克．斯福爾札（Ludovico Sforza，1451～1508，米蘭公爵）所奪；斐迪南二世及路易十二被費迪瑞克等人，硬生生從拿波里國王王座上趕了下來。這兩位君王之所以會遭此挫敗，究其原因並不是因為命運弄人，而是人為的怠惰。

首先，他們都因軍備不足而缺失重重，其次，他們無法掌握人民及權勢者的心。

在此，我們就來看看一位以羅馬共和國第一人之尊君臨羅馬世界，卻因為行徑和

新君的處事哲學

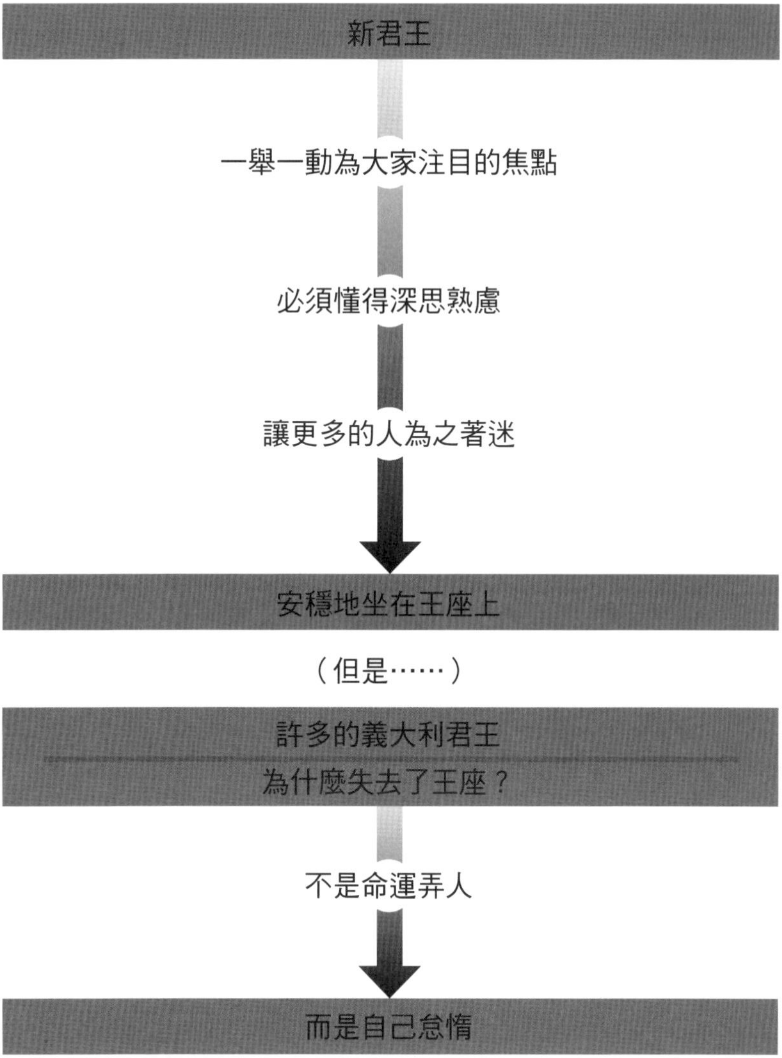
新君王
一舉一動為大家注目的焦點
必須懂得深思熟慮
讓更多的人為之著迷
安穩地坐在王座上
（但是……）
許多的義大利君王
為什麼失去了王座？
不是命運弄人
而是自己怠惰

馬基維利教義正好相反，最後不幸走向毀滅之路的悲劇英雄的一生。

安東尼和屋大維的衝突

凱撒遭到暗殺之後，羅馬世界即由他的愛將安東尼及養子屋大維，共同統治。但是充滿自己的安東尼並不把體弱多病、看似軟弱的屋大維放在眼裡，一手掌管羅馬的一切。事實上，屋大維是個內心充滿野心、擅於權謀，並懂得籠絡人心的大英雄。此一疏忽，讓安東尼開始步向悲劇。

安東尼的優勢只維持了一段很短的時間。因為他愛上了被凱撒俘虜過來的埃及女王、一代妖姬克奧麗佩脫拉。為了她，安東尼待在埃及的首都亞歷山卓城流連忘返。西元前三十四年，他更放棄了羅馬共和國第一執政官的地位、美麗賢淑的妻子奧克塔比雅（屋大維的姊姊），和克奧麗佩脫拉結婚。此外，他還將其管轄下的東方領土（希臘、敘利亞、埃及等）隨著「王中之女王」的稱號，送給了克奧麗佩脫拉。

這種形同背叛的行為，讓之前支持他的羅馬元老院的權勢者及人民，看透了他，進而擁戴安東尼的勁敵屋大維為羅馬第一人，並宣布安東尼和克奧麗佩脫拉夫婦是「羅馬的公敵」。西元前三十一年九月，雙雄為了爭奪霸權，在希臘外海打了一場轟轟烈烈的「亞克提姆（Actium）海戰」。

凱撒（Julius Caesar，BC100～BC44）

羅馬共和時期末的政治家。西元前四十九年，違反國法渡過魯比孔河（Rubicon）回到羅馬，並打倒了龐培（Gnaeus Pompeius Magnus，BC106～BC48）成為獨裁者。他和敢愛敢恨的埃及豔后之間的愛情故事，甚為有名。此外，他在名作《高盧戰記》中的戰勝報告中，也留下了「我來、我見、我征服」名句。西元前四四年，為元老院所暗殺。

英雄安東尼的毀滅

安東尼和克奧麗佩脫拉

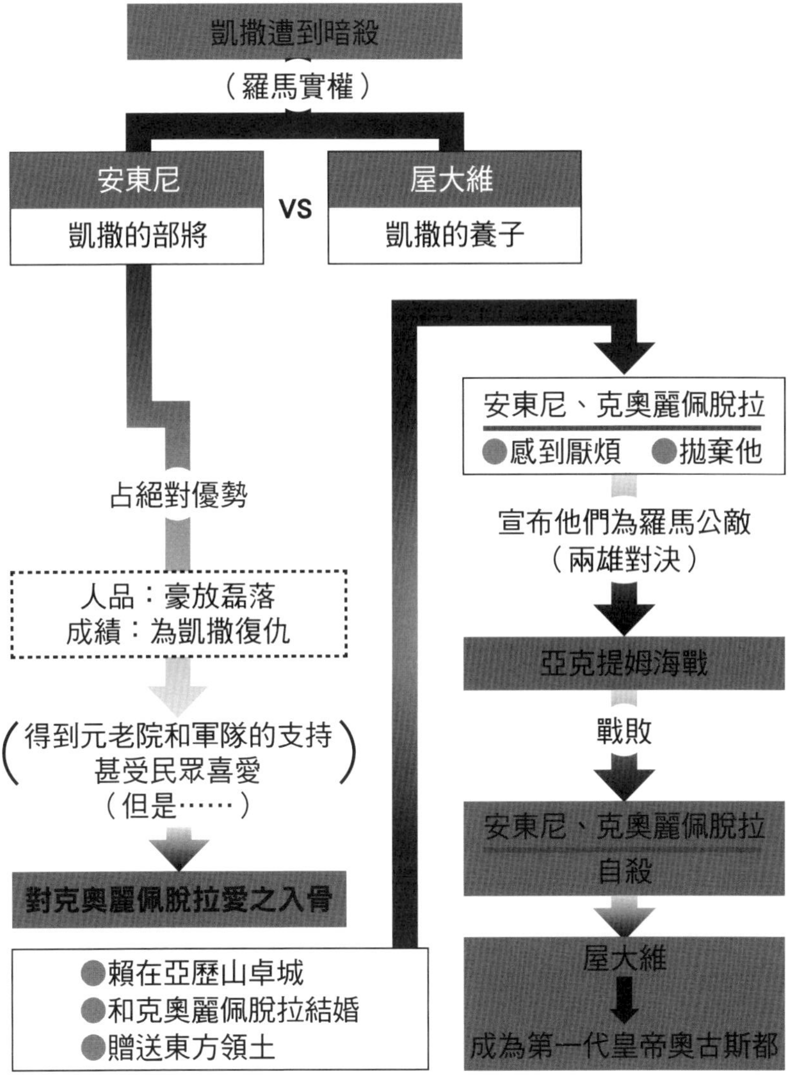
凱撒遭到暗殺
（羅馬實權）
安東尼
凱撒的部將
VS
屋大維
凱撒的養子
占絕對優勢
人品：豪放磊落
成績：為凱撒復仇
得到元老院和軍隊的支持
甚受民眾喜愛
（但是……）
對克奧麗佩脫拉愛之入骨
●賴在亞歷山卓城
●和克奧麗佩脫拉結婚
●贈送東方領土
安東尼、克奧麗佩脫拉
●感到厭煩　●拋棄他
宣布他們為羅馬公敵
（兩雄對決）
亞克提姆海戰
戰敗
安東尼、克奧麗佩脫拉
自殺
屋大維
成為第一代皇帝奧古斯都

◈英雄成了最愚蠢的笨蛋

當海戰開始時，令人難以置信的事情發生了。由克奧麗佩脫拉所率領的埃及艦隊，竟然無預警地離開了戰場。勃然大怒的安東尼頓時忘了自己身在何方，緊追著克奧麗佩脫拉而去。失去了主帥的部將們，在瞬間失去了戰鬥意志，陸海兩軍皆豎白旗，向屋大維投降。一大英雄就為克奧麗佩脫拉著迷，而落得如此下場。

海戰次年，安東尼自殺，克奧麗佩脫拉隨後也跟著香消玉殞。纏鬥多年的羅馬內亂，終於落幕。大文豪莎士比亞給這齣悲喜劇的評語為，「聰明一世的英雄，就為了一名女子而變成全世界最愚蠢的笨蛋。」果真是英雄難過美人關。

如果安東尼能如馬基維利所說，一舉一動深思熟慮，得到有力者的支持，受到人民的歡迎，那麼即使屋大維再強也無隙可鑽、無機可趁？

克奧麗佩脫拉（Cleopatra，BC69～BC30）

亞歷山大遺將普特雷麥奧斯，所建立古埃及托勒密王朝的末代女王。她不但貌美、聰明、天性狐媚，還野心勃勃，游走在凱撒及安東尼之間，使他們走向毀滅之路。後在凱撒的養子屋大維的攻擊下自殺身亡。她和楊貴妃、小野小町（平安朝前期的和歌作家）並稱為世界三大美女。

終 章

命運的力量

開創命運必須果敢

● 要開創命運，果敢比謹慎管用。
● 因為命運之神是女性。要征服她，即使必須動粗攻擊，也必須將她占為己有。
● 大家都知道，相較於步步為營的人，女人還是比較喜歡委身於這類型的人。
● 因此，命運就像女人，命運就像年輕人。
● 因為年輕人總是欠缺慎重，而多了份粗暴。所以只要夠大膽就可以統御她。

◈命運的女神偏好粗暴的男性

作者看到這段文章，瞬間對於馬基維利又有了一番新的認識。

馬基維利認為命運之神是女性，如欲開創自己的新機運，就得像征服女子一般，即使動粗攻擊也要積極果敢和她配為夫妻，因為相較於步步為營的男子，世間的女子

命運的支配

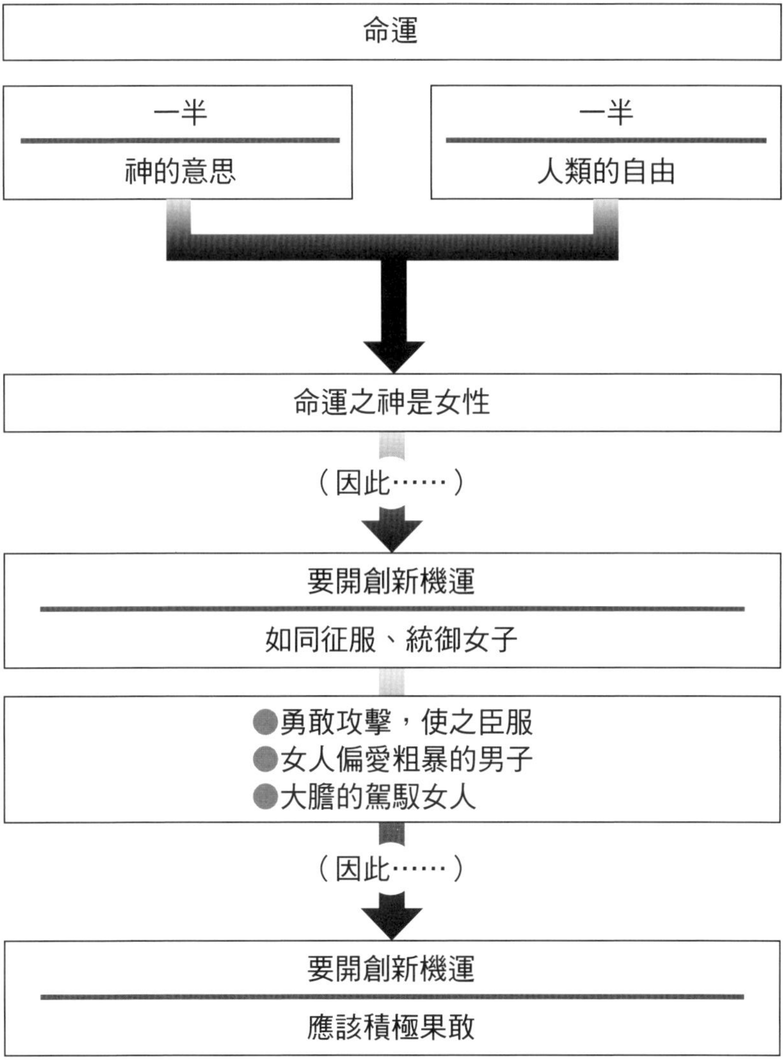
命運
一半
神的意思
一半
人類的自由
命運之神是女性
（因此……）
要開創新機運
如同征服、統御女子
●勇敢攻擊，使之臣服
●女人偏愛粗暴的男子
●大膽的駕馭女人
（因此……）
要開創新機運
應該積極果敢

還是比較喜歡委身於這類型的人。

被形容為邪惡禮讚者，總是挑戰許多禁忌話題的馬基維利，就是以這麼瀟灑的文章，為他的大作做總結。

看完馬基維利的結論之後，我們再來研究此一事例。

馬基維利說，很多人都認為世上的一切皆由命運之神來主宰，所以一件事尚未開始就抱定順其自然的心態了。事實上，命運女神懂得尊重人類的自由思想，所以大半的事情，她都會交由人類自己斟酌辦理。例如河川之所以會氾濫成災，是因為人們早就預測會發生災害，可是卻不事先築堤謀求對策。

歷史有不少榮顯一時的君王，在無預警的狀況下突然消失。究其原因有二，第一，這些君王將一切交付命運，一旦面臨轉變，即無能為力。第二，君王之所以能夠顯赫發達，是因為其行為模式正好符合時代需求。反之，不能符合時代需求的君王，就會迅速消失於王座上。

不管如何，身為君王者不但不能凡事聽天由命，還必須時時未雨綢繆，假設轉變後的最糟狀況，並針對這些狀況事先擬定對策。如果事情真的不幸發生了，君王也可適時並積極地採取行動。採取行動時，即遵照馬基維利所提及的重點，像追女人一般地粗暴但必須果斷勇敢，這就是馬基維利為《君王論》所下的最終結論。

現在我們來看最後一個案例——凱撒。

◈光環耀眼的凱撒和龐培的固執己見

西元前一世紀時的羅馬比起建國當時的羅馬，可以說已完全走樣了。因為奠定羅馬發展基礎的國民皆兵制度，已有名無實。各地的總督、將軍們皆利用自己的職權及財力徵募兵團，所以募來的士兵心中並無政府，只對招募自己的將軍效忠。擁有私人軍團的強權者，為了爭奪羅馬的實權，總是大動干戈爭嚷不休。

西元前一世紀中葉，以血腥將羅馬一分為二的平民黨馬略（Gaius Marius，BC155?～BC86，古羅馬統帥、執政官）和貴族黨史路拉相繼過世之後，新主角登場了。他們就是龐培和凱撒。龐培亮麗地平定了希臘海賊、西班牙內亂、斯巴達克斯劍士之亂、龐托斯王朝的叛亂，並在西元前五十九年消滅羅馬最大的敵人——小亞細亞的龐托斯（Pontos）王國的米多利達迪斯大王，贏得「大龐培」的稱呼。元老院更是以他為馬首是瞻，他的勢力誇稱如日中天。

而從年少即野心勃勃的凱撒，則虎視眈眈伺機取代龐培。

為了韜光養晦積存實力，凱撒在西元前五十九年執政官任期期滿時，自請擔任高盧總督前往高盧報告。抵達高盧（Gaul，位於法國），凱撒剷平了高盧各族的叛變，大破企圖入侵的日耳曼人，並遠征比利時、不列顛等，大展三頭六臂的耀眼本領。

凱撒因此成了羅馬人心中的英雄，人氣大幅提昇，另外，凱撒還以在高盧所得的金銀財寶，做為資本儲備實力。然而樹大招風，凱撒種種光鮮的表現，終於激怒了固

龐培（Gnaeus Pompeius Magnus，BC106～BC48）
羅馬共和末期的政治家、將軍。平定希臘海賊、西班牙的叛變、斯巴達克斯劍士（Spartacus）之亂、龐托斯（Pontos）王國的叛亂等，而得大龐培的稱號。和凱撒及克拉蘇聯盟行三頭政治（The first triumvirate）統轄羅馬，不久後受到排擠。在法薩勒斯戰役中敗給了凱撒，後在埃及被殺。

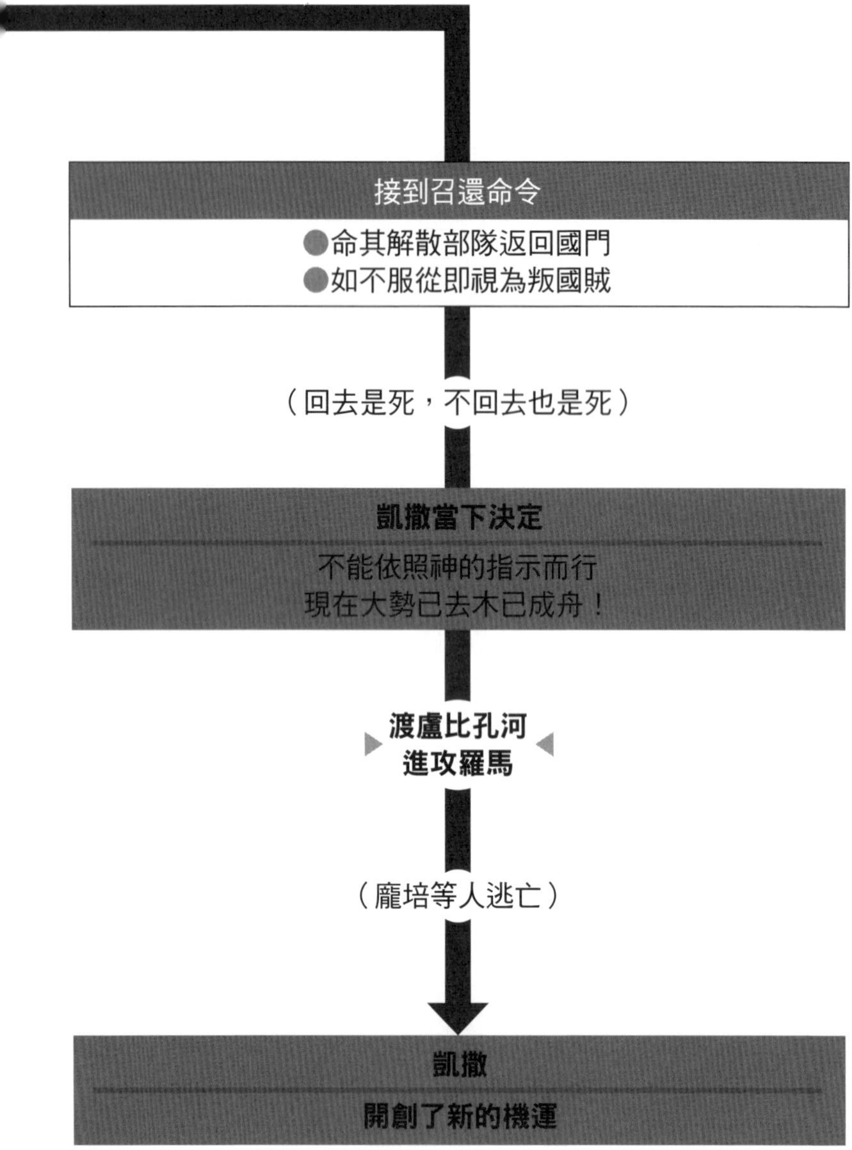
接到召還命令
●命其解散部隊返回國門
●如不服從即視為叛國賊
（回去是死，不回去也是死）
凱撒當下決定
不能依照神的指示而行
現在大勢已去木已成舟！
渡盧比孔河
進攻羅馬
（龐培等人逃亡）
凱撒
開創了新的機運

凱撒渡過盧比孔河

羅馬共和末期的羅馬

三頭政治

●凱撒　●龐培　●克拉蘇

（BC58）

凱撒為高盧總督

●功勳斐然　●財富滾滾　●面子有光、走路有風

（對凱撒產生反感）

●克拉蘇敗戰而亡
●龐培的妻子優莉亞（凱撒的女兒）之死

（三人關係失衡）

↓

凱撒ＶＳ龐培

尖銳對立

執的龐培。他們兩人原本行政治聯盟，採三頭政治共同管理羅馬，關係友好。但是自克拉蘇（Marcus Licinius Crassus，BC115～BC53，羅馬將軍和政治家）討伐帕爾迪亞王國戰死之後，三頭政治失去一腳頓時失衡，另外，自龐培的妻子，也就是凱撒的女兒優莉亞死後，兩人的關係日漸冷漠，終於撕破了臉尖銳對立。

不遵守國法的凱撒

西元前五十年十一月、和元老院連成一氣的龐培，編寫責難凱撒的法律，下令凱撒「解散全軍立刻返國，不然的話視同叛國！」馬基維利所說的命運，在此刻即形同做了一百八十度的改變。

收到軍令後的凱撒，於西元前四時九年一月十一日，率領最信賴的第十三團精英步兵五千、騎兵三百，到了與首都羅馬為境的盧比孔河（Rubicon）河畔。收到軍令的此刻，凱撒如果渡河，依國法論處，凱撒就是叛國賊。如果凱撒解散軍隊隻身進羅馬，勢必遭到以龐培為首的反對派傾軋兵力相向。進是死，退也是死。凱撒仰頭看著滿天的星星默默沈思……。不一會兒，他大叫一聲，「不能依照神的指示而行，現大勢已去木已成舟！」接著命令全軍渡過盧比孔河。

沒料到凱撒會祭出此策的龐培，見到凱撒的大軍，只好匆匆逃回自己的地盤馬格多都亞（Macedonia）重整聲勢。下定決定和凱撒決一死戰的龐培，不久後即發動法

高盧各族

住在現今法國、瑞士、英國一代的民族。凱撒不但剷平了高盧各族的叛變，還遠征比利時、不列顛等。其中最有名的就是「Aresia 攻防戰」。凱撒並以其著作《高盧戰記》中，自賣自誇在這段征服期間內自己的行動等等。

薩勒斯之戰。此後，人們就把「大勢已去」或「勇渡盧比孔河」用來比喻斷然行動、孤注一擲之意。以馬基維利所強調的果敢判斷並積極行動，扭轉不利自己的局勢或命運，凱撒可說是最佳的例子吧！

國家圖書館出版品預行編目資料

君王論圖解 / 是本信義著 ; 劉錦秀譯 . -- 三版 . -- 臺北市 : 商周出版 : 英屬蓋曼群島商家庭傳媒股份有限公司城邦分公司發行 , 民 114.6
--（經典一日通；002）
ISBN 978-626-390-557-3（平裝）
1.CST：馬基維利（Machiavelli, Niccolo, 1469-1527）
2.CST：政治思想 3.CST：君主政治

571.4 114006355

BI2001Y

君王論圖解（經典新校版）

原 書 名／図解 マキアヴェリの「君主論」が面白いほどわかる 統治・指導能力を身につけるために
作 者／是本信義
譯 者／劉錦秀
版 權／黃淑敏、翁靜如、林心紅
行 銷 業 務／莊英傑、周佑潔、王瑜

總 編 輯／陳美靜
總 經 理／彭之琬
事業群總經理／黃淑貞
發 行 人／何飛鵬
法 律 顧 問／台英國際商務法律事務所 羅明通律師
出 版／商周出版
115台北市南港區昆陽街16號4樓
電話：(02) 2500-7008 傳真：(02) 2500-7579
E-mail：bwp.service@cite.com.tw
Blog：http://bwp25007008.pixnet.net/blog
發 行／英屬蓋曼群島商家庭傳媒股份有限公司城邦分公司
115台北市南港區昆陽街16號8樓
書虫客服服務專線：(02)2500-7718・(02)2500-7719
24小時傳真服務：(02)2500-1990・(02)2500-1991
服務時間：週一至週五09:30-12:00・13:30-17:00
郵撥帳號：19863813 戶名：書虫股份有限公司
讀者服務信箱E-mail：service@readingclub.com.tw
歡迎光臨城邦讀書花園 網址：www.cite.com.tw
香港發行所／城邦（香港）出版集團有限公司
香港九龍土瓜灣土瓜灣道86號順聯工業大廈6樓A室
Email：hkcite@biznetvigator.com
電話：(852)2508-6231 傳真：(852)2578-9337
馬新發行所／城邦(馬新)出版集團 【Cite (M) Sdn. Bhd.】
41, Jalan Radin Anum, Bandar Baru Sri Petaling,
57000 Kuala Lumpur, Malaysia
電話：(603)90563833 傳真：(603)90576622
Email：services@cite.my

封 面 設 計／申朗創意
印 刷／韋懋實業有限公司
總 經 銷／聯合發行股份有限公司 電話：(02) 2917-8022 傳真：(02) 2911-0053
地址：新北市新店區寶橋路235巷6弄6號2樓

■ 2003年9月初版
■ 2025年6月三版

Printed in Taiwan

定價／320元

ISBN：978-626-390-557-3

城邦讀書花園
www.cite.com.tw